AF406280

ÚLTIMO VUELO DESDE LA HABANA

ÚLTIMO VUELO *desde La* HABANA

Memorias de Cuba, la Familia y la Fe

MARIE QUINTANA

CUBANA WINGS
PRESS

Dallas, Texas

"Al que se le ha dado mucho, mucho se le exigirá".
~ Lucas 12:48

Dedicatoria

Este libro está dedicado a mis dos amores: mi padre, Juan Raúl Quintana, y mi hijo, Daniel "Danny" Cummiskey. Mi padre era un hombre que representaba todas las aptitudes y dones que Dios le pide a un padre que sea: amoroso, amable, valiente, optimista, afectuoso, confiado, humilde, generoso, trabajador, alegre y divertido. Amaba la vida y la vida lo amaba a él. Fue un gran bailarín y patriota cubano. Nunca olvidó el dolor de no poder regresar a su amada Cuba. Su amor incondicional y su apoyo han sido la Estrella Polar en mi vida.

Mi hijo, Danny era un ángel de carne y hueso a quien Dios llamó demasiado pronto. Era un verdadero siervo de Dios: brillante, humilde, amable y respetuoso. Siempre tuvo un corazón agradecido a pesar de los obstáculos que enfrentaba todos los días. Era un espíritu gentil que amaba a Dios, a su familia y a sus amigos más que a ninguna otra cosa. No tenía ninguna de las malicias de este mundo: ni orgullo, ni agenda, ni egoísmo; solo quería amar a los demás sin condiciones ni restricciones. Lo extraño mucho todos los días.

Contenido

Volver a empezar

Desde el momento en que me fui de mi Cuba natal en 1961, he vivido una vida que no planeé. Pero esta ha sido exactamente la vida que Dios ha destinado que yo viviera.

A lo largo del camino he estado haciendo un viaje de transformación a medida que mi identidad ha ido cambiando al igual que mi familia y mi trabajo han cambiado. Me he distanciado de algunas personas y me he acercado a otras, tanto perdiendo como profundizando relaciones. Y a través de todo este tiempo me he convertido en una persona mejor, y he encontrado bendiciones en todos los momentos de cambio.

Creo firmemente que las personas llegan a donde se supone que deben llegar. Algunas quizás piensen que no deben estar donde están, pero todo sucede por una razón, y yo no soy una excepción. He luchado por canalizar lo impredecible e inesperado. A menudo pensamos que nuestras vidas van a ser de una manera, pero luego resulta que son de otra manera muy diferente. En ese momento debemos seguir adelante con valentía y construir una nueva vida - aprender del dolor, y comenzar de nuevo.

Miedo. Shock. Incertidumbre. Duda. Esas fueron las primeras situaciones en mi vida joven. Una y otra vez, tuve que empezar de nuevo, ya fuera en un nuevo país, una nueva escuela, un nuevo trabajo o una nueva relación. Este tema de "empezar de nuevo" también definió la vida de mis padres, dos personas que se vieron obligadas a abandonar el país que amaban. Ellos tuvieron que aprender un nuevo idioma, una nueva cultura, una nueva profesión y nuevas maneras de sobrellevar la situación. Tuvieron que aprender a coger aliento, a dejar ir, y a confiar en Dios. Y como yo era el retoño mayor, observé y aprendí de ellos mientras lograban todas esas cosas. Pero, como todo el mundo, tuve que emprender mi propio viaje para absorber por completo esas lecciones.

Nací en Cuba; crecí en un pequeño pueblo cajún de Luisiana y me mudé luego para New Orleans para asistir a una escuela secundaria. Estudié para ser psicóloga y trabajadora social, pero luego cambié de carrera muchas veces. He tenido el privilegio de asumir roles de liderazgo en diversos campos que abarcan la tecnología, las ventas, el marketing y las comunicaciones. Mi viaje me ha llevado por los caminos de la Norteamérica corporativa como asesora en el ámbito empresarial. Sorprendentemente tengo el orgullo y la distinción de ser la ejecutiva hispana de más alto rango dentro de una compañía Fortune 50 y Fortune 500, y que es un testimonio de mi dedicación, perseverancia y resiliencia. Incluso una vez, en un giro impredecible en mi vida, salí del país para ayudar a localizar a un niño secuestrado, y descubrí cosas de mi identidad que no sabía que había perdido.

También mi vida personal estuvo marcada por cambios violentos. Estuve casada durante veintitrés años y tuve tres hijos. Mientras estábamos pasando por un doloroso divorcio, a nuestro hijo le diagnosticaron una enfermedad mental. De repente me convertí en madre soltera criando gemelos que estudiaban en la escuela secundaria, y a un hijo que entraba y salía de hospitales e instalaciones médicas. Tuve que convertirme en mi propia Santísima Trinidad doméstica y profesional: el sostén de la familia, la madre y la cuidadora. Y una vez más, me encontré con que tenía que empezar de nuevo y aprender nuevas maneras de mantener a mis hijos.

Me vi envuelta en el proceso de cada día aprender a administrar mi vida, mi familia y mi carrera. Algunas lecciones que pensé que había aprendido años atrás, se fueron por la borda cuando me vi obligada a buscar maneras de cuidarme mejor, y de cuidar a mis hijos, mis padres y a mis empleados.

Luego, en 2012 murió mi padre. Él siempre había soñado con volver a Cuba, pero nunca tuvo esa oportunidad. Ni siquiera pudimos concederle su último deseo: ser enterrado en su propio país. La muerte de mi padre me destrozó, y de repente todos los recuerdos de Cuba que pensé que había olvidado, y la vida que había dejado atrás, volvieron a mí. Fue entonces cuando me di cuenta de que había pasado la mayor parte de mi vida viviendo en dos mundos. A veces no había querido conectar las dos cosas, y otras veces había anhelado profundamente que se entrelazaran. Después de todo, el mundo en el que vivían mis padres era totalmente cubano: la comida, los recuerdos, su constante charla sobre la familia que dejamos atrás, y nuestra ferviente esperanza de que los volveríamos a ver.

Como las historias de tantos exiliados cubanos, mi historia es complicada y siempre está cambiando. Como cubanos, no hemos aceptado completamente la injusticia de lo que ocurrió en nuestras vidas que dejó a muchas familias y relaciones desgarradas tan injustamente. ¿Cómo podríamos olvidarlo?

Tengo familiares a solo noventa millas de Miami que luchan por vivir con dignidad y con el respeto que todo ser humano merece. Algunos hemos vivido en los Estados Unidos por más de cincuenta años, y hoy abrazamos a los primos que nos visitan desde Cuba con una mezcla agridulce de recuerdos llenos de cariño, y otros también dolorosos. Nos hacemos las mismas preguntas una y otra vez…: "¿qué pasó con esos miembros de nuestra familia, con los que perdimos contacto?" y, "¿qué pasó con la tierra de mi abuelo?"

A menudo los cubanos nos encontramos en una carrera contra el reloj para aprender sobre nuestro pasado, y buscar los recuerdos antes de que los olvidemos. Hemos aprendido a perseverar a pesar de las decepciones para luego comenzar una nueva vida. Sin embargo, todavía nos encontramos con un pasado que está un poco desordenado, y tenemos miedo a olvidar los recuerdos tan vívidos que hemos podido conservar.

Mi historia está muy lejos de ser única. Desafortunadamente, hay miles, sino millones de personas que han tenido que abandonar sus países de origen por la agitación política o la inestabilidad. Cuando se vieron obligados a trasladarse a un nuevo país, muchos tuvieron que empezar de cero. Llegaron a los Estados Unidos con solo la ropa que llevaban puesta y mucha esperanza y fe en Dios para empezar una nueva vida. Estas personas han vivido con la dolorosa pérdida de dejar hogares, negocios y familias.

Poco antes de la muerte de mi padre, mi mamá y yo regresamos a Cuba. Esperaba que aquel viaje le cambiaría la vida, como fue lo que sucedió. Pero lo que nunca pensé fue cuánto cambiaría mi vida. Ojalá hubiera sabido entonces lo que sé ahora. El viaje de regreso a Cuba con mi madre abrió un mundo dentro de mí que no sabía que existía. Cuando mi madre miró por la ventanilla del avión y vio la isla de Cuba a la que no veía desde 1961, le temblaron los labios. —Mi Cuba —susurró—. Mi Cuba. Se llevó las manos al pecho y rezó una oración mientras las lágrimas rodaban por sus mejillas.

Creo que en la vida siempre eres libre de tomar nuevas decisiones y empezar de nuevo, pero se necesitan tenacidad y confianza en un poder superior para salir adelante. Pon tu fe en Dios y tu brújula interior te ayudará a tomar decisiones difíciles. Con esa fe aprendes a abrazar tu libertad personal y tu pasado. De eso se tratan estas memorias.

Cuando pienso en "empezar de nuevo" veo a mi madre, a mi hermano y a mí en 1961 subiendo al último avión de Delta y dejando atrás La Habana. Fueron mis padres los que crearon una nueva vida. Siguiendo sus pasos, desde entonces yo he podido crear nuevas vidas una docena de veces. Tú tienes ese mismo poder. Puedes tomar decisiones y aceptar el cambio. Puedes superar la angustia y la pérdida para encontrar un mañana mejor y más brillante. Puede que no sea la vida que te imaginabas, pero aquí tienes un secreto: quizás esa nueva vida puede hasta llegar a ser mejor. Esa ha sido, sin duda, mi experiencia muchas veces.

Marcus Buckingham, el inspirador autor de *Find Your Strongest Life*, (Busca una vida más fuerte) dice que necesitamos identificar los momentos clave y definitorios en nuestras vidas y empoderarlos. Debemos usar ese poder para entendernos mejor, pues solo cuando nos entendamos a nosotros mismos podremos compartir con los demás lo que hemos aprendido. Quiero compartir las lecciones que he aprendido y mostrarles cómo cada cambio, por pequeño que sea, puede tener un impacto positivo. Quiero mostrarte cómo abrazar los momentos difíciles de la vida y reconocer, más allá de lo previsto, las oportunidades que estos momentos te brindan. Quiero compartir mis momentos decisivos, los que han alimentado mi fuerza interior, y quiero mostrarte que puedes abrazar el pasado, aprender de él y convertirte en una mejor versión de ti mismo. Estos momentos determinantes no solo me han convertido en lo que soy hoy, sino que también me han servido como un recordatorio constante de que, con la ayuda de Dios puedo llevar a cabo lo que se presente. Y tú también puedes.

CAPÍTULO 1

El último vuelo de Delta desde La Habana: 23 de noviembre de 1961

Mi abuelo nos llevaba a mi madre, a mi hermano menor y a mí al aeropuerto de La Habana mientras chocaba con los baches de la carretera. El carro nos halaba, tiraba, caía y se sacudía. Sus manos agarraban el volante con tal fuerza que los nudillos de las manos brillaban a través de la piel tersa y morena. "Tranquila", me decía mi madre, una y otra vez. Mantén la calma. No te preocupes. Pero me daba cuenta de que ella estaba preocupada.

Yo era una niña aún muy pequeña, pero sabía que algo andaba mal. Corríamos al aeropuerto para escapar de nuestra patria y comenzar una nueva vida en los Estados Unidos. Ya no podíamos permanecer en Cuba; nuestras vidas corrían peligro. Pero ¿llegaríamos a tiempo? Tenía muchas razones por las que tener miedo.

Dos años antes, el 1 de enero de 1959, Fidel Castro había tomado el poder. Nuestro querido país se había dividido en dos bandos: los que apoyaban el régimen comunista de Castro, y los que hacían todo lo que estaba a su alcance para desmantelar aquel nuevo gobierno. De la noche a la mañana mi alegre infancia se había abierto al dolor, al miedo y a la confusión a medida que mi familia se definía en el plano político. En la guardería de la escuela a la que asistía, los maestros enseñaban canciones sobre Castro y nos instruían sobre como los nuevos comunistas y el gobierno eran buenos para el país. Pero cuando le conté a mi madre lo que estaba aprendiendo, inmediatamente me inscribió en otra guardería.

Durante las largas y sofocantes noches, mi madre y mi abuela rezaban el rosario en la terraza trasera de la casa de mis abuelos en el pueblo de Jovellanos, a dos horas de La Habana. Rezaban en secreto, temerosos de lo que el gobierno pudiera hacerles si se enteraban. Porque las cosas estaban cambiando. Estaban confiscando negocios privados y bienes personales. Algunos hombres con uniforme militar iban de casa en casa, y cuando llegaron a la nuestra confiscaron nuestro auto. Todos teníamos miedo. Mi abuelo era el tercer mayor productor de arroz del país, y también poseía ganado y cultivos, lo que significaba que él y mis tíos eran objetivos importantes para el gobierno. Nadie sabía lo que iba a suceder.

Mi padre era químico azucarero, y en esa época era el director químico del ingenio azucarero Araujo, en la provincia de Matanzas. Estaba muy orgulloso de pertenecer a la elite azucarera de Cuba, ya que eran respetados como los mejores directores químicos de la industria azucarera del mundo.

El 17 de abril de 1961, mi padre se despertó con el estruendo de cañones y el zumbido amenazante de los aviones que volaban muy bajo. Rápidamente se dio cuenta de que el Central Araujo estaba en el centro de la batalla para derrocar a Fidel Castro. Los exiliados cubanos habían desembarcado en la Bahía de Cochinos, a pocos kilómetros de donde trabajaba mi padre. Nunca olvidó la posibilidad de quizás morir ese día. Él sabía que la trayectoria de su vida había cambiado para siempre.

Yo no tenía la edad suficiente para comprender aquello. Mis padres recuerdan los titulares de los periódicos: "1,200 exiliados anticastristas patrocinados por los Estados Unidos invaden Cuba en la Bahía de Cochinos. Todos los atacantes han muerto o sido capturados por las fuerzas cubanas".

Bahía de Cochinos. Esas tres palabras han quedado como una huella indeleble en la memoria cultural de Estados Unidos. Pero para mi familia en 1961, estas palabras no representaban una historia más. Tenían que ver con acontecimientos reales que llenaban nuestros días de miedo, y colmaban nuestras noches de terror. Vimos que lo que una vez había sido una propiedad privada, ahora quedaba confiscada por el gobierno cubano, y que las vidas de todos los que nos rodeaban eran destrozadas cuando los militares tomaban posesión de las tierras y ejecutaban a las personas. Y aunque estas prácticas se volvieron comunes, el caos y la preocupación fueron llegando a todas las familias. No podíamos aceptar lo que estaba pasando.

Una noche, cuando todos estábamos durmiendo, llamaron a la puerta. Eran cerca de las once de la noche. Mi abuela la abrió temblando. Tres hombres altos con uniformes militares estaban de pie en la entrada. Sus siluetas proyectaban largas sombras. Preguntaron por mi abuelo. Cuando mi abuelo llegó a la puerta inmediatamente lo esposaron, lo metieron en un camión y se lo llevaron. Pensamos que era quizás por ser dueño de una propiedad. Yo me quedé en estado de shock mientras observaba cómo el camión se alejaba. Nunca olvidaría la expresión de humillación y horror en el rostro de mi abuelo mientras se lo llevaban. Mi madre y mi abuela gritaban y gemían mientras se oía crujir la gravilla del camino al pasar por ella los neumáticos del camión. No teníamos idea de lo que le iba a suceder a mi abuelo. ¿Lo meterían en la cárcel? ¿Lo matarían? Habíamos oído historias terribles por lo que esa noche no pudimos dormir. Nos abrazamos unos a otros llorando y rezando, y temiendo lo peor.

Cerca del amanecer de la mañana siguiente, un camión se detuvo frente a nuestra casa y unos hombres bajaron a mi abuelo. Estaba despeinado, con los espejuelos rotos, pero había regresado a casa. Aparentemente el régimen castrista había estado buscando sospechosos durante toda la noche, y como las cárceles estaban llenas, llevaron a mi abuelo en el camión durante todo aquel viaje y luego lo dejaron en casa por la mañana. Podría haber sido mucho peor.

En la noche empecé a escuchar sirenas, y me asustaba el ensordecedor sonido de los aviones que volaban muy bajo, sobre nuestra casa. Dejé de comer y lloraba constantemente. La única forma en que podía mitigar aquellos sonidos era escondiéndome debajo de mi cama, donde pensaba que nadie podría encontrarme. Mi madre, preocupada por mi salud, me llevó a ver a mi pediatra. El médico me hizo algunas pruebas y no pudo encontrar nada que estuviera mal, y le dijo a mi madre que me llevara a un psiquiatra en La Habana. Este diagnosticó que estaba pasando por una "experiencia o episodio traumático casual" y ¡me recetó plastilina!

El mundo se despedazaba a mi alrededor mientras yo me sentaba en casa con mi plastilina, presionándola y dándole formas y formando figuras de colores. Sorprendentemente aquel entretenimiento fue útil pues aquella masa blanda me ayudó tener la mente y las manos ocupadas. Aquella plastilina era una forma de calmante cuando yo estaba a punto de un ataque de pánico. Años más tarde, cuando les compré Play-Doh (plastilina en inglés), a mis hijos, pensé como la plastilina podía ser una medicina, o una herramienta para hacerte sentir mejor, incluso en los momentos más malos.

Mi madre se esforzó mucho por mantenerme alejada de las noticias inquietantes que nos rodeaban, y prohibió a los adultos de la familia hablar de Castro o de la política delante de mí. Sabía que yo era como una esponja, que lo absorbía todo, incluso el terror y la incertidumbre. Mi familia se asustó a medida que nuestra situación empeoraba, y eso me asustó a mi más aún. Fue verdaderamente la fe en Dios la que nos unió. Nuestra fe nos dio la fuerza y la esperanza de que encontraríamos el camino para sobrepasar todo aquello.

Pero mi madre no podía protegerme de todo. Un día escuché a mis padres susurrar. Habían llegado a la conclusión de que lo mejor era sacarnos a Raúl, mi hermano menor, y a mí fuera del país. Años más tarde, mi madre me explicó que el gobierno había ordenado que los niños de once años o más fueran llevados a campos de entrenamiento donde absorberían la propaganda del gobierno sin interferencia de los padres. Mis padres temían que el gobierno comunista ejerciera esa influencia para siempre sobre nosotros lo que provocó que sintieran una gran urgencia por sacarnos del país.

Mis padres y yo teníamos visas de viaje porque habíamos visitado los Estados Unidos antes, cuando mi padre trabajaba en el sureste de Luisiana durante la temporada de la molienda de caña de azúcar. Por aquella época yo había podido hacer mi primer viaje a un ingenio azucarero de Luisiana, pero mi hermano, Raúl, que entonces solo tenía dos años, se había quedado en Cuba con mis abuelos. Ahora teníamos que esperar la visa de vacaciones temporales de Raúl para poder salir del país. Esta visa le permitiría viajar a Estados Unidos y permanecer allí hasta tres meses durante la temporada azucarera.

Después de que el incidente de Bahía de Cochinos nos alterara a todos, la perseverancia de mi padre hizo que negociara un contrato con la Terrebonne Southeast Corporation Sugar Mill, y se marchó a Luisiana con una visa de trabajo. Mi madre, Raúl, y yo intentábamos permanecer pacientes mientras mi padre estaba fuera, pero todos los días esperábamos ansiosamente cualquier noticia. Mientras tanto, mi madre comenzó a hacer planes para irse. Los que no nos conocían bien pensaban que viajábamos a Estados Unidos para estar con mi padre. Pensaban que el viaje no tenía nada de particular, pero los de nuestro círculo familiar sabían cuál era la verdadera razón.

Cuando a mi padre le concedieron el estatus de refugiado en los Estados Unidos, obtuvo la visa para mi hermano Raúl. Luego puso en marcha los planes que cambiarían mi vida para siempre: completó el papeleo necesario que nos permitiese a mi madre, a Raúl y a mí viajar a los Estados Unidos.

"Tranquila", dijo mi madre, mientras el coche de mi abuelo avanzaba hacia el aeropuerto a toda velocidad por la carretera llena de baches. Me apretó la mano. "Tranquila, Tere". Así me llamaban mi padre y mi madre. Teresita es mi segundo nombre en honor a Santa Teresita.

Era el 23 de noviembre de 1961, el día en que salimos de Cuba para siempre. Ese día estuvo lleno de tristeza y llanto. Mientras avanzábamos rumbo al aeropuerto, mi abuelo materno paró brevemente en la casa de mis abuelos paternos para que pudiéramos despedirnos. Solo entonces comprendimos todas las implicaciones de aquel viaje. Mi abuela me abrazó contra su pecho; olía a flores y especias. Lloró y lloró; su pérdida sería insondable. Nos rogaron que cambiáramos de opinión y que nos quedáramos, aunque también sabían que Cuba ya no era segura para nosotros. Mi hermano y yo éramos jóvenes y con mucha vida por delante, y el país era aplastado por el puño de hierro del comunismo. Teníamos que irnos.

Seguimos camino, y poco tiempo después mi abuelo dijo: "Aquí estamos", mientras entrábamos en el aeropuerto de La Habana. Agarré a mi madre con una mano y a mi hermanito con la otra y salimos del coche. El aeropuerto estaba sumido en un caos total. La gente entraba en pánico, los niños se aferraban a sus padres y los padres se aferraban a sus hijos. Hombres y mujeres salían del aeropuerto moviéndose con excitación después de dejar a sus hijos en los aviones y despedirlos con la esperanza de un mañana mejor. Eran los niños de la Operación Pedro Pan, el éxodo masivo de niños cubanos a Estados Unidos. Más tarde, me enteraría de que esta operación clandestina sería uno de los mayores éxodos de jóvenes que viajaban solos sin sus padres registrada en el hemisferio occidental. Mi corazón está con todos los cubanos que participaron en la Operación Pedro Pan por todas las dolorosas decisiones forzadas que tuvieron que tomar aquellos padres, y el viaje de los niños que se vieron obligados a comenzar solos, sin familia, en nuevo país extraño. Algunos niños nunca más volverían a reunirse con sus familias.

Más tarde, mi madre me dijo que ella y mi padre habían firmado los papeles de la Operación Pedro Pan de renunciar a sus derechos de paternidad, para que mi hermano y yo pudiéramos viajar solos, en caso de que, en el último minuto, ella no hubiera podido abordar el avión con Raúl y conmigo. Me alegro de no haberlo sabido en ese momento.

Me temblaban las manos mientras caminábamos por la terminal del aeropuerto; los pasillos estaban llenos de familias que sollozaban aterrorizadas. Raúl también lloraba. No tenía idea de lo que estaba pasando, pero incluso él se daba cuenta de que nuestras vidas nunca volverían a ser las mismas. Mi madre trató desesperadamente de mantener tranquilas sus manos. Parpadeó para contener las lágrimas. En aquel momento no lo comprendía del todo, pero ella se iba de su patria sin saber si regresaría. ¿Volvería a ver a su familia?

Se acercaba el momento en que tendríamos que decir un último adiós. Mi abuelo se arrodilló y nos estrechó a mi hermano y a mí. Su cuerpo estaba destrozado por los sollozos mientras nos abrazamos por última vez. Luego abrazó a mi madre y le dijo que fuera fuerte y le acarició la barbilla con la mano. A medida que avanzábamos hacia la fila para abordar nuestro avión, mi abuelo nos saludaba con la mano, y cada vez lo veíamos más pequeño. Las lágrimas corrían por el rostro de mi madre. Pero en eso dos hombres vestidos de oscuro nos bloquearon el paso. Sus voces eran ásperas; no llevaban el uniforme militar del gobierno de Castro. "Necesitamos ver sus maletas", dijeron. Mi madre, aterrorizada, les dejó el equipaje. Cuando comenzaron a buscar entre nuestras cosas advertimos de que los hombres eran funcionarios del aeropuerto. Solo se nos permitía salir con cuarenta y una libras por familia, y nuestras maletas eran demasiado pesadas. Sacaron parte de la ropa y las joyas de mi madre, y luego la obligaron a quitarse las joyas que llevaba puestas. Lloró aún más fuerte mientras se desabrochaba el collar y se quitaba el brazalete y los anillos que mi padre le había regalado.

Continuaron confiscando nuestras pertenencias, pieza por pieza, hasta que llegamos al límite de cuarenta y una libras. Finalmente, aquellos hombres se hicieron a un lado y nos dejaron pasar. El cuello de mi madre estaba cubierto de sudor y el rostro mojado por las lágrimas. Al abordar el avión nos fijamos que éramos la única familia que no pertenecía a Delta Airlines; todos los demás pasajeros eran empleados de Delta que salían de Cuba. Momentos después de abordar, la tripulación tomó sus asientos y anunció que partíamos hacia los Estados Unidos.

El vuelo a New Orleans duró solo sesenta minutos, pero fue la hora más trascendental y dolorosa de nuestras vidas. Lo recuerdo ahora como si todo estuviera envuelto en una niebla; como un mal sueño. Ya no puedo recordar la escena en colores vivos. Es un panorama borroso, en blanco y negro, de miedo y pérdida. Mi madre, en cambio, dice que recuerda con dolor cada detalle. Recuerda el llanto en el avión, y que no había una sola persona que no tuviera lágrimas que le caían por el rostro. Recordaba el color del vestido que llevaba puesto y la forma en que me había peinado. También podía describir el olor de la camisa de su padre mientras lo abrazaba por última vez. Dejaba atrás todo lo que conocía y quería.

Este era el último vuelo de Delta que salía de La Habana antes de que todos los aviones quedaran en tierra, y ya no pudieran volar más. Nosotros habíamos podido abordarlo y habíamos escapado.

Pero mi viaje no había hecho más que empezar.

CAPÍTULO 2

El día del vestido blanco

Un año después de nuestra llegada a los Estados Unidos, en una calurosa noche de verano, me quedé despierta sin poder dormir. Escuchaba a mi padre y a mi madre hablar en español en voz baja.

"Estoy preocupado", dijo mi padre en voz baja. "Hasta que no empiece la temporada azucarera, no sé cómo voy a encontrar un trabajo remunerado".

"Lo sé", susurró mi madre. "Pero Dios nos está cuidando. Encontraremos la manera".

"No hablo el idioma; no conozco las costumbres. Aquí somos extranjeros".

"Nos irá bien", terminó diciendo mi madre.

El aire del pantano era húmedo y pegajoso, y las palabras de mis padres transmitieron temor a mi joven corazón. Habíamos estado viviendo en New Orleans en un proyecto de viviendas para refugiados durante casi un año. Tuvimos la bendición de contar con Caridades Católicas, una organización que nos ayudaba con la vivienda y las necesidades básicas. El apartamento en el que vivíamos solo tenía dos habitaciones pequeñas, y a nuestro alrededor vivían otros refugiados cubanos que también trataban de sobrellevar aquel éxodo de emergencia de nuestro país. A veces, en medio de la noche, me despertaba el sonido de alguien llorando, y que provenía de un apartamento vecino.

Cuando llegamos a Estados Unidos, mi padre todavía trabajaba como químico azucarero, pero desde que había terminado la temporada de la molienda había luchado por encontrar otro empleo estable. Vendía cigarros, repartía pizzas y trabajaba en un molino de madera, a donde tenía que conducir dos horas de ida y vuelta, regresando a casa todas las noches totalmente exhausto. No hablaba inglés, lo que hacía casi imposible mejorar la situación. "Mañana tengo una entrevista en una refinería de azúcar en Reserve", le dijo a mi madre. (Reserve es una pequeña comunidad a unas cuarenta millas de New Orleans). Su voz se iluminó. "¡Eso es maravilloso!" dijo mi madre. Sonrió, tal vez por primera vez en meses. "Espero conseguir el puesto como director químico azucarero. Podré hacer lo que me gusta hacer". Al día siguiente, la refinería de azúcar le ofreció a mi padre aquel puesto y, al cabo de un mes nos habíamos mudado para Reserve, donde el azúcar era el rey. Mi padre fue el primero de un puñado de refugiados cubanos químicos azucareros que habían escapado de Cuba con sus familias y terminaron en este pequeño pueblo cajún. Al igual que mi padre, muchos de estos químicos se habían entrenado con Julio Lobo, el "Rey del Azúcar" en Cuba.

Para una niña de cinco años, Reserve resultaba ser un lugar extraño y maravilloso. La ciudad era americana, pero también cajún, (dialecto del francés), llena de costumbres y distintos sabores traídos por los inmigrantes franceses durante la época colonial. Todavía puedo saborear las diferentes especias de la cocina cajún y recordar la curiosidad que me inspiraban esos sabores. Los cajunes hacen su propia salchicha, llamada boudin, y usan una salsa picante que nosotros no conocíamos; nos quemaba los labios y nos chamuscaba la lengua. Su famoso cangrejo de río me pareció un cruce entre una langosta y un artrópodo.

Éramos extranjeros en un mundo tan extraño que bien podría haber sido otro planeta. En este lugar nadie había oído hablar de Fidel Castro y, sin embargo, Castro era sobre lo que mis padres y los otros exiliados cubanos querían hablar. Pero a nadie en Reserve le interesaba ese tema. La mayoría de la gente ni siquiera sabía quién era ese hombre.

Pero, en otros aspectos, no éramos tan diferentes de los cajunes. Era muy importante para ambas culturas saber que nuestras familias disfrutaban de la vida, y cocinar y comer eran una gran parte de esto. Aunque nuestras cocinas eran diferentes, a los cajunes también parecía gustarles los frijoles (colorados, no negros). Mi familia comenzó a encontrar pequeñas áreas en común, y más tarde llegarían a llamar a mi familia los "cubanos cajún".

Incluso cuando comenzamos a compartir nuestros típicos platos étnicos, la diferencia del idioma fue difícil. Y no era solo español e inglés; la disparidad se complicó aún más por la influencia francesa. Muchos de los residentes de la ciudad eran acadianos, descendientes directos de los colonos franceses que se asentaron en Canadá y el norte de los Estados Unidos antes de volver a mudarse para Luisiana, y conservaban los nombres franceses.

Reserve estaba compuesto por un grupo muy unido de familias numerosas y extensas con apellidos que no podíamos pronunciar fácilmente como Boudreaux, Guillot y Thibodeaux, y nos preguntábamos si todos los estadounidenses tenían nombres tan difíciles. "¿Cómo se pronuncia 'Thibodeaux', mamá?, pregunté. "No lo sé", dijo. "No lo sé". Practiqué decir la palabra frente al espejo del baño y las complicadas consonantes se me trababan en la lengua.

La verdad es que yo ya sabía más inglés que mi madre. Mis padres apenas hablaban una palabra de inglés. Aunque sabía algunas palabras, tenía problemas con las conversaciones completas, por lo que todavía estaba muy lejos de dominar el idioma. Y al mismo tiempo que aprendía el inglés, estaba aprendiendo a hablar el dialecto cajún. Algunas palabras que pensé que eran comunes en inglés, más tarde descubrí que solo eran comunes en el sur de Luisiana. Recuerdo usar "cher" para describir a una persona querida o algo lindo, o para terminar una frase: We gon pass a good time, yeah, cher. (Vamos a pasar un buen rato, seguro, "cher"). Pronunciaba ask como "ax" y "that" como "dat".

Más tarde, cuando pronunciaba una palabra que había dicho de cierta manera en Reserve, la gente se apresuraba a corregirme. Al principio, me sentí confundida, luego avergonzada y temerosa de que pensaran que era inculta. Pero al final pensé que era genial sonar como un cajún. Cuando tenía seis años, mi ligera comprensión del inglés provocó que emergiera la refugiada que verdaderamente era. ¡Deseaba tanto ser "normal"! Solo hablaba cuando me hablaban porque tenía mucho miedo de cometer un error y de que los otros niños se rieran de mí. Los niños pueden ser crueles, y sabía que un desliz por cualquier descuido me señalaría equivocadamente como una extranjera; sin lugar a duda, un "otro". Y un día eso fue lo que pasó.

Fue unos días antes de mi primera foto de clase. Nuestra maestra de primer grado, la Sra. Landry, nos dio instrucciones específicas, y me esforcé por escuchar y entender. En esta nueva vida que llevábamos, mis padres me buscaban mucho para que les tradujera palabras. Entonces ese día me fui a casa y les conté lo que mi maestra nos había dicho.

"Tengo que vestirme con un traje completamente blanco", dije en español. Vi la preocupación grabada en la frente de mi madre.

Apretó los labios. No tenía un traje completamente blanco y no teníamos dinero para comprar uno.

"¿Qué vamos a hacer?" le pregunté a mi madre. "¿Qué vamos a hacer?"

Yo estaba molesta. Tenía un deseo muy grande de seguir las reglas. La señora Landry nos había dicho específicamente que nos vistiéramos completamente de blanco, y que, si no lo hacía, llamaría la atención no solo por lucir como una extraña, sino también como alguien que no cumplía con las reglas. Estaba horrorizada. Como la mayoría de los niños, yo solo quería encajar en aquel nuevo ambiente.

Cuando mi madre vio lo preocupada que estaba me apretó la mano y me dijo: "No te preocupes, no te preocupes". Podía ver en su cerebro la maquinaria dando vueltas, pensando cómo resolver aquello. No podíamos comprar un vestido nuevo, pero podíamos conseguir los materiales para hacer uno. Entonces mi madre y yo fuimos a comprar zapatos, medias y telas blancas. Teníamos poco dinero, pero estiraríamos lo poco que teníamos para que rindiera.

Yo caminaba y daba vueltas por nuestro pequeño apartamento mientras mi madre cosía una falda de algodón blanca y fresca.

"No te preocupes" volvió a decirme. Tenía alfileres de coser en la boca y las palabras salían enredadas, torpes. Asentí con la cabeza, no queriendo disgustarla. Traté de mantener la calma y, sin embargo, era todo lo contrario. Era tan simple como vestirse de blanco, aunque para nosotros no lo era. No lo era para mí. Todos los días me sentía que no encajaba en la escuela. Mi marcado acento español, mi vocabulario rebuscado y la ropa que vestía, la mayoría de la cual había heredado de los amigos de mi padre que nos habían ayudado a huir de Cuba, hicieron que llamara la atención.

Sabía que era inteligente y que siempre había sido una buena estudiante, pero ahora estaba en una escuela extraña donde todas las lecciones se enseñaban en un idioma extranjero. No había forma de mezclarme fácilmente.

Mientras mi madre cosía, me senté en el suelo, cerré los ojos y apreté los puños contra la frente. Mi escuela americana me daba miedo; me era extraña. A veces era una agonía el hecho de caminar por los pasillos, tratando de actuar como si todo estuviera normal, y que yo era parte de todo aquello. No quería sobresalir. Me preocupaba el hecho de que, si no me vestía de blanco como nos había ordenado la señora Landry, entonces llamaría aún más la atención. Adaptarme a mi nueva vida ya era bastante difícil sin que además me señalaran como la chica rara de la escuela.

"Tere" dijo mi madre en voz baja, usando mi apodo—. "¡Mira!, ¡Mira!". Cuando abrí los ojos, vi que mi madre había hecho un milagro. Además de la impecable falda blanca, me había cosido una blusa blanca perfecta. Me lo enseñó con el rostro radiante; estaba emocionada.

"¡Es perfecto!" le dije, y luego lloré. El vestido era blanco y hermoso, exactamente lo que querían los maestros, y cuando me lo probé me sentí como una princesa. Di media vuelta con mi nuevo vestuario, y sentí que me invadía el optimismo. La mayor parte de los días no encajaba en mi escuela, pero alimentaba la esperanza de que algún día, de alguna manera, todo eso cambiaría, y ahora estaba convencida de eso.

¡Llego el día!, me dije a mi misma. Estaba lista para la foto, y también estaba lista para participar en el evento de la escuela. Mi padre me llevaba a la escuela en nuestro carro desvencijado, y en realidad teníamos suerte de tener uno pues muchos refugiados cubanos se habían visto obligados a depender de los amigos y familiares para hacer los viajes, lo que dificultaba ir y venir al trabajo, o llevar a los hijos a la escuela. Me agarré del panel delantero del carro y busqué el balance para no manchar el conjunto con el polvo, y me senté sobre una toalla ligera, de poco grosor, que mi madre había extendido en el asiento. Tenía miedo de estropear mi bonita falda blanca.

Iba sonriéndome cuando mi padre entró en el patio de la escuela. Pero de repente, la sonrisa se esfumó de mi rostro. Mis compañeros de clase estaban jugando bulliciosamente, disfrutando de su último momento de esparcimiento antes de que sonara la campana y comenzaran las clases. Me quedé boquiabierta mientras veía sus ropas. El corazón se me apretó en la garganta según nos fuimos acercando a donde dejaban a los niños. Con horror vi que mis compañeros de escuela estaban vestidos con todos los colores del arco iris: con suéteres, camisas, jeans, chaquetas y faldas de colores vibrantes y deslumbrantes. Los colores eran tan brillantes que me lastimaban los ojos. Desesperadamente, buscaba a cualquier niño o niña vestido de blanco. Entonces fue cuando la verdad explotó como una bomba en mi cabeza: nadie viste de blanco. Me había equivocado en las instrucciones. Cuando mi maestra nos dijo como debíamos vestir, ella había dicho que cualquier color *menos* el blanco. Todos mis compañeros la habían entendido correctamente, pero yo había malinterpretado sus palabras. Había entendido al revés las instrucciones de la señora Landry. Sentí que las lágrimas calientes me quemaban las mejillas mientras que al estómago me llegaban las náuseas. Sentí que la vergüenza se apoderaba de mí, y que era evidente que no encajaba en aquel lugar.

"Está bien" me aseguró mi padre, besándome en la cabeza. "Está bien". Pero me quedé paralizada. No podía salir del coche. Sentía que estaba haciendo lo opuesto a lo correcto y como si llevara un enorme cartel en la frente que decía: "¡NO ENCAJO!

¡SOY DIFERENTE!", y a juzgar por las miradas que empezaba a recibir de mis compañeros de escuela, bien podría haber estado usando de veras ese letrero.

"Por favor" le supliqué a mi padre. "Por favor, llévame a casa. Me siento mal...".

Pensé que tal vez me abatiera de pronto una enfermedad grave, porque la idea de quedarme allí en la escuela como la oveja negra —aunque las ovejas blancas hubieran sido más apropiadas— era horrible. Lo único que quería era volver a casa.

Mi padre me miró a los ojos, respiró profundo y me dijo: "Sé que esto es difícil, pero hemos pasado por muchas cosas difíciles antes. Puedes pasar este día, ya verás. No le prestes atención a esos niños. Eres fuerte y tendrás un buen día. Te quiero muchísimo".

Se me empañaron los ojos. Tenía muchas ganas de creerle. Agarré mi tarea y salí temblorosa del auto. Mi papá quería que mantuviera la cabeza en alto y yo no quería decepcionarlo. Mientras el carro se alejaba, me quedé en el patio de la escuela con lágrimas en los ojos. Estaba bloqueada y no podía decirle adiós. Pero mi padre tenía razón. Habíamos pasado antes por cosas difíciles. Habíamos dejado atrás nuestra patria, nuestra familia, toda nuestra vida. Lo menos que podía hacer era poner la frente en alto aquel día en que estaba vestida con la ropa equivocada.

Sentí muchos ojos sobre mí mientras por dentro me sentía nerviosa, y estaba caminando muy tensa. El miedo me producía un nudo sólido en el estómago, y deseaba que los otros niños dejaran de mirarme. Pero aquellas miradas silenciosas no fueron lo peor. Mientras caminaba por el pasillo, algunos estudiantes comenzaron a burlarse de mí. Escuché aquellas burlas que llegaban hasta mí, y gritaban: "¡Mira el *sudaca!*" (*spic*), ese denigrante adjetivo hacia los hispanos. Un grupo de chicos me señaló y se rió.

"Mira esa tonta *spic* de blanco. Parece que va a la Primera Comunión o algo así".

No entendí en aquel momento el significado de aquella palabra, *spic*, pero por el tono de sus voces lo sentí como una bofetada en la cara. Cerré los ojos con fuerza decidida a evitar que las lágrimas fluyeran. Quería correr por el pasillo y salir por la puerta; buscar a mi padre, aunque sabía que el carro se veía ya como una pequeña mancha en la distancia. Quería que papi volviera a recogerme, que me quitara aquel dolor. Pero no hice ninguna de esas cosas. Apreté la mandíbula, presioné los dientes, y traté de mantener la cabeza en alto mientras pasaba junto a esos muchachos y a todos los que me decían cosas crueles y me miraban mal.

Yo era la única hispanoamericana en la escuela, y ese día me llamaron "*spic*", que era un tono de desprecio hacia los hispanos. Nunca antes y nunca más desde entonces me lo volvieron a decir. Estaba vestida con un conjunto horriblemente "antiamericano". Incluso después del día de las fotos de la escuela, nunca lo pude disfrutar. Era como si hubiera cometido una falta, algún tipo de pecado, por ser diferente. Era una extranjera, una forastera, un paria.

Pero ese día logré poner un pie delante del otro y seguí adelante. Sentí una molestia en el estómago y cada vez que intentaba hablar, se me hacía un nudo en la garganta. No podía mirar a la gente que me estaba acosando. Miraba hacia los pies caminando por el pasillo, o miraba por encima de ellos como si pudiera ver hacia un mañana en el que no se burlarían de mí ni me despreciarían. Fue un día horrible, pero sobreviví, y sobreviví muchos días más parecidos a ese. Convertí ese día como mi momento decisivo, el Día del Vestido Blanco. Fue el primer día que interioricé el dolor de ser diferente; la primera vez que supe que no pertenecía a aquel lugar. Y aunque en ese momento pensé que esa diferencia era lo peor que podía sucederme, aceptarla fue en realidad lo más valiente que pude haber hecho.

En *Los dones de la imperfección*, Brené Brown escribe de lo importante que es contar tu historia. Comencé este viaje como adulta, cuando mi amiga Fawn Germer escribió sobre El Día del Vestido Blanco en su libro del 2007, *The NEW Woman Rules: More Than 50 Trailblazers Share Their Wisdom*. (Las NUEVAS reglas para la mujer: más de 50 Pioneras comparten su experiencia). Cuando Fawn me pidió permiso para publicar mi experiencia del "Día del Vestido Blanco" en su libro, al principio me horroricé. El recuerdo doloroso de aquella vergüenza que sufrí todavía provocaba en mi mucha turbación. Pero pronto me di cuenta de que no estaba sola: todas las mujeres tienen una historia similar. Yo, junto con las otras mujeres que comparten conmigo sus historias en este libro, hemos pasado momentos dolorosos. Nos une nuestra fuerza y la capacidad de contar las experiencias, emplearlas para ayudar a otras mujeres, y seguir adelante.

Hoy aprovecho esa experiencia para afianzar mis propósitos, y para que estos inspiren a otras personas a perseverar y a tomar riesgos. El soy diferente, se ha transformado en: "estoy orgullosa de ser esa persona única que Dios quiso que fuera". Somos diferentes. Todos aportamos singularidad a este mundo, y a veces hay que pasar por la adversidad para apreciarla. Cuando era una niña aprendí que no importa que el fuego esté delante de ti, lo único que puedes hacer es lanzarte de cabeza hacia él. Llegarás al otro lado, pero para poder llegar allí, primero tienes que aprender a aceptar tus sentimientos incómodos.

Hablar del Día del Vestido Blanco me ayudó a sanar de ese doloroso episodio. Ese proceso me ha servido de guía para la vida y me ayudó a entender el dolor y la pérdida que experimentaron mis padres cuando dejaron su tierra natal. Mi papá tenía razón: habíamos pasado por algo mucho más difícil que lo que enfrenté en la escuela aquel día. Mi familia nunca dejó de sentir la pérdida de su país, pero aprendieron a luchar con ese dolor para luego crecer y prosperar. Las palabras de mi padre me ayudaron a ponerlo todo en perspectiva: "Tú eres fuerte", me dijo ese día. "Eres fuerte".

Nuestros miedos son solo eso: miedos. Como dijo una vez Zig Ziglar, "El miedo tiene dos significados: 'Olvídalo todo y corre', o 'Enfréntate a todo y avanza'.

He aprendido a usar mis momentos difíciles como si fueran retazos o fragmentos, o "una colcha de retazos de la vida" que está compuesta por momentos determinantes. Estos momentos me dan confianza; me muestran que Dios ha llenado mi vida de gracia, y que, de esta forma, nada es demasiado difícil de enfrentar.

Tú eres fuerte. Eres fuerte.

CAPÍTULO 3

Dos culturas distintas; Dos mundos distintos

"¡Está al comenzar!" grité desde mi asiento en el sofá de la sala. "¡El programa ya empezó!"

Mi hermano Raúl vino corriendo a unirse a mí. Luego vino Juan Carlos, mi hermano menor que había nacido tres años después de que llegamos a los Estados Unidos. Había empezado a llamarlo "Johnny" para que tuviera un nombre americano a diferencia de Raúl y yo. El nombre se le había quedado, pues ahora el resto de la familia también lo llamaba Johnny.

Johnny era demasiado pequeño para entender lo que estaba pasando, pero le encantaba ver la televisión. Nos sonrió mientras se dejaba caer en el sofá a mi lado. Mi madre frunció el ceño mientras entraba en la sala de estar. "No entiendo ese programa", dijo. "No entiendo ese programa". Y se sentó a nuestro lado, con los brazos cruzados sobre el pecho.

"No me gusta ..." comenzó a decir, pero le dije que se callara; no me importaba si le gustara o no, Leave It to Beaver ya había comenzado. Lo único que yo quería era ser como los Cleaver, como June Cleaver, o como las muchachas de la escuela con sus vestidos muy limpios, y de las que Wally y Beaver estaban enamorados.

La población hispana en Estados Unidos en ese momento rondaba el 3.5 por ciento. En Reserve, el porcentaje era aún más escaso. Siempre me di cuenta de que era diferente al 96,5 por ciento del país, y eso no me gustaba.

Busqué por todas partes y no pude encontrar ninguna señal de que nadie en mi entorno se pareciera o hablara como mi familia o como yo. No había programas de televisión en español, y la televisión era nuestro indicador para saber cómo debíamos actuar y qué tipo de familia era la aceptada. Pensé que, si veíamos Leave It to Beaver, tendríamos una mejor oportunidad de entender la cultura estadounidense, y cómo lucir, hablar y actuar como el resto de los norteamericanos. Pero a mi madre no le gustaba el programa. "Vamos a ver a Lucy", dijo mientras giraba el dial del televisor a otro canal. "Vamos a ver a Lucy". Al instante, Lucille Ball y Desi Arnaz aparecieron en pantalla.

A pesar de que mi madre no entendía inglés, le encantaba ver I Love Lucy. Era la única cosa en la que todos podíamos estar de acuerdo como familia. Al menos en esta serie vimos a alguien que reconocimos: el personaje de Ricky Ricardo. La televisión finalmente nos mostraba a un cubano exitoso que había "triunfado" en los Estados Unidos. De vez en cuando hablaba una o dos palabras en español, y todos nos emocionábamos mucho. Ricky Ricardo parecía ser aceptado por la mayoría de los estadounidenses. Mi familia lo tomó como una muy buena señal. El programa Leave It to Beaver retrataba a una familia estadounidense ordinaria, mientras que I Love Lucy era más bien una comedia. A veces teníamos la incómoda sensación de que las diferencias de Ricky se consideraban esencialmente divertidas. La gente se reía de sus dificultades para hacerse entender, de su acento tonto y de sus manos que gesticulaban incontroladamente. No era él quien decía la broma; casi siempre él era el blanco de todo.

Advertí las caras de mis hermanos cuando veían a Ricky Ricardo tocando los bongos y como se burlaban de él por la forma en que hablaba inglés. Por mi parte, estaba cansada de la forma en que nos miraban cada vez que íbamos al mercado, o cuando mi mamá nos gritaba en español que no nos subiéramos al auto. En el momento en que empezábamos a hablar, la gente se quedaba mirándonos y, a veces, susurraban entre sí.

"Me gustan los Cleavers" refunfuñé en inglés. "¿Por qué nuestra familia no puede ser más parecida a ellos?"

¿Qué? preguntó mi madre.

"Nada" dije. Sabía que no podría entenderme. "No importa", le dije.

"Dijo que no le gusta nuestra familia", apuntó Raúl. Dijo que no le gusta nuestra familia". Lo miré; eso no era lo que yo había dicho, aunque era exactamente lo que había querido decir. Por supuesto que amaba a mi familia. Me sentí cómoda mientras estaba en su nido protegido. Pero fue difícil. Tenía diez años y todos los que conocía en la escuela eran estadounidenses. Nadie era de Cuba. Desde que aprendí inglés, había empezado a buscar por todos lados ejemplos sobre cómo ser más "americana". Vi The King Sisters, The Ed Sullivan Show y películas de Elvis Presley. Nadie en estas películas comía comida cubana. Me gustaba la comida cubana, pero quería que mis padres también cocinaran comida americana: hamburguesas y perritos calientes con salsa de tomate, y pastel de carne y cazuela y pollo asado y galletas y pastel, como la gente de la televisión.

También quería que mi mamá hiciera comida cajún, como gumbo o cangrejos de río, como la gente que vivía a nuestro alrededor. Cada comida que hacíamos era comida cubana. Íbamos a New Orleans una vez al mes para comprar en un mercado latino, e íbamos a Schwegmann's, donde mi madre compraba frijoles negros cubanos y especias. Nunca nos alejamos de los alimentos básicos cubanos de frijoles negros y arroz, cerdo, arroz con pollo y picadillo. Sin embargo, esos platos siguen siendo mis favoritos de siempre, inclusive cuando estaba desesperada por comer algo distinto en ese momento.

Por aquel tiempo, comencé a darme cuenta de que vivía en dos mundos distintos. Llegué a pensar en el mundo de mis padres, en el que no se hablaba inglés y no se entendía la cultura estadounidense, que el "Viejo Mundo". Su mundo giraba en torno a Cuba, y era la única vida que conocían. Tenían constantemente la radio en español encendida, escuchando cualquier noticia que pudiera indicar la posibilidad de regresar a su país. La comunicación con Cuba era escasa. En un mes, más o menos, quizás recibíamos una carta. En los primeros años, muchas de las cartas de mis padres fueron interceptadas una vez que llegaron a Cuba, y pocas fueron las cartas de nuestra familia en Cuba que llegaron a nosotros.

Mi padre, el menor de trece hermanos y hermanas, lloraba por su familia. Sus queridos hermanos habían fundado el "Bar Hermanos Quintana", con varios locales en La Habana. Era frecuentado por muchos músicos famosos, entre ellos Benny Moré, uno de los más grandes cantantes cubanos de todos los tiempos. La familia perdió todos sus negocios y mi papá nunca se volvió a reunir con sus padres. Pero, de vez en cuando, algunas de las cartas llegaban a nosotros, como cuando mi padre recibió una de sus padres por su cumpleaños en 1962, y el mensaje fue conmovedor y desgarrador:

Mi amado y querido hijo, te escribo esta carta para recordarte y desearte un muy feliz cumpleaños. Sé que estarás celebrando con tu esposa e hijos. Que Dios les conceda a todos buena salud y un buen porvenir.

Estamos ansiosos por saber de ustedes. Aquí todo el mundo está bien. Sé que Antinea tendrá que luchar mucho ahora porque está sola haciéndolo todo. Estamos teniendo días calurosos que son difíciles de soportar; no ha llovido lo suficiente.

Veremos cómo termina el año. Amor y besos a Antinea y a los niños, y tu recibe un cálido abrazo de tus padres. Por favor, no se olviden de nosotros.

Mela y Loreto

Las noticias en la televisión eran una fuente importante de información para la mayoría de la gente, pero mis padres no podían entender lo que se decía. Para empeorar las cosas, las noticias de los Estados Unidos nunca mencionaban a Cuba. Era como si la patria de mis padres no existiera, y cuando se la mencionaba, la realidad entre nuestra experiencia y lo que contaba la televisión eran imposibles de conciliar.

Con la misma facilidad con la que había introducido a los Jackson Five y a los Muppets en Estados Unidos, Ed Sullivan concedió en 1959 una entrevista a Fidel Castro adulándolo. Lo describió como un "buen joven; un joven muy inteligente", y dijo a sus televidentes que "con la ayuda de Dios y de nuestras oraciones, y con la ayuda del gobierno estadounidense, el [George Washington cubano] llegará a ser el tipo de democracia que Estados Unidos deberá tener". Mi familia había sufrido una pérdida tremenda; ¿cómo podríamos compartir esos sentimientos?

Cuando era niña, supe instintivamente que, si queríamos sobrevivir, tendríamos que aprender la nueva cultura rápidamente.

Sin embargo, mis padres insistían en pasar el tiempo esperando y anhelando noticias de la familia en Cuba. Tenían una bolsa preparada para partir en caso de que se enteraran por las noticias de que Castro había muerto. Mantuvieron esa bolsa preparada durante diez años; no podían perder la esperanza. Mis padres hablaban y oraban constantemente sobre el regreso a casa. En Reserve nos mudamos a cuatro casas diferentes, siempre alquilando en lugar de comprar porque mis padres no querían tener una casa propia. Se negaban a echar raíces en Estados Unidos; creían que en cualquier momento regresaríamos a Cuba.

Pero cuando pasaron diez años, había pasado más de la mitad de mi vida en Estados Unidos, que ya era mi hogar. Este era el Nuevo Mundo; era el segundo mundo en el que había vivido, y no podía permitirme el lujo de no sentirme parte de él. Todos los días trataba de traducir cosas de la cultura cajún del sur de Luisiana, a la cultura cubana para que mis padres pudieran entender. Esto se convirtió en una gran parte de mi experiencia mientras crecía, y el Día del Vestido Blanco en primer grado no fue un incidente aislado. Pasé por muchas experiencias como esa, y pronto comencé a asumir un papel de liderazgo en mi familia. Cuando no sabía qué hacer, preparaba una taza con hojas sueltas de té, y luego revolvía los residuos en la taza buscando rutas que pudieran darme una pista a seguir.

Había aprendido mucho de la televisión americana, y había empezado a hacer amigos. Me encantaba saltar y jugar a la suiza y buscar tréboles de cuatro hojas, y llevar centavos a la fiesta del centavo, donde los dulces costaban solo un centavo, y me apresuraba para ir a comer dulce acaramelado. Mi madre nunca hizo ese dulce, sino que hacía arroz con leche; arroz con leche al estilo cubano. Y sí, estaba delicioso, pero yo tenía muchas ganas de probar los postres americanos.

Mi amiga Jill tenía muchos postres en su casa: galletas caseras y pasteles y tartas. Jill sabía cantar y tocar el piano, y recuerdo la letra de una canción en particular: "Mi papá es presidente. ¿A qué se dedica tu papá? Vivo en una casa grande y blanca en Pennsylvania Avenue". Jill no vivía en la Casa Blanca, pero cada vez que cantaba esa canción no podía evitar pensar cuan diferente era mi mundo al de Jill.

Pero por fin estaba haciendo amigos. Me había encariñado bastante con Reserve porque cuando fingía no ser cubana, entonces realmente encajaba. Mis padres pensaban diferente, y seguían sintiéndose solitarios y diferentes. Anhelaban vivir más cerca de otras personas que hablaran español. También querían que sus hijos tuvieran más oportunidades, lo que significaba vivir en una ciudad más grande. Lo más importante es que querían que yo siguiera los pasos de mi madre y asistiera a una escuela secundaria católica para niñas. Yo no sabía que este plan estaba ya pensado y que estaba en camino a hacerse realidad. Un día me enteré.

"Tenemos algo que queremos decirte", dijo mi madre. "Tenemos algo que queremos conversar contigo".

"Llevamos siete años en Reserve", empezó diciendo mi padre. Luego hizo un gesto con la cabeza. "Tere tiene doce años", dijo el. Mi madre se volvió hacia mí. "El año que viene estarás en *high school*, en la escuela secundaria, Teresita. Creo que lo mejor es que asistas a una escuela católica". Yo me estaba poniendo nerviosa.

"Pero ya estoy en una escuela católica", respondí. Estaba en la mitad del octavo grado, y durante los últimos dos años, había estado asistiendo a una escuela católica mixta en Reserve.

"Sí, pero queremos inscribirte en una escuela secundaria para niñas", dijo mi padre.

Empecé a entrar en pánico.

"Pero no hay una escuela secundaria católica para niñas aquí en Reserve", le contesté. Mi madre asintió.

"Es por eso por lo que vamos a mudarnos para New Orleans".

"¿Qué? ¡No! ¡Mis amigos están aquí! No puedes alejarme de ellos". ¿Qué hay de mi vida aquí? ¡Quiero graduarme de una escuela en Reserve!" acabé diciendo.

"Tu madre y yo hemos decidido que esto es lo mejor para toda la familia", explicó mi padre con dulzura. "Teresita, harás amigos dondequiera que vayas".

No quería escuchar nada de lo que tenían que decir. Estaba muy enojada con mi mamá. ¿Cómo pudo hacerme esto? Como cualquier niño de doce años, no podía creer que mis padres hubieran 'arruinado mi vida'. En ese momento, no podía comprender que la decisión era mucho más que por mi bien. Mis padres habían decidido que sus hijos tendrían más oportunidades en una ciudad grande que en un pueblo pequeño. Querían darnos la mejor educación posible que ellos pudieran pagar, y era obvio que la encontrarían en una gran ciudad.

Mi madre quería que siguiera sus pasos asistiendo a una escuela secundaria católica para niñas, y tenía una buena razón. Sabía mucho de los pueblos pequeños y rurales habiendo crecido en el pequeño pueblo de Jovellanos, en Matanzas, y conocía el camino que seguían muchas niñas: se casaban, se establecían y tenían hijos. Muchas nunca saldrían de su pequeña ciudad, lo que significaba que no tendrían tantas oportunidades en la vida.

"¿Y mis amigos?", les dije, y lloré.

Lo dije en inglés, pero ella debió entenderlo, porque me respondió: "Estamos juntos y eso es lo que es más importante. Nos tenemos el uno para el otro y esa es la parte más importante".

Esto es lo que siempre decían cuando me estaban quitando algo. No podía escuchar la verdad que había en sus palabras. Estaba demasiado enojada; furiosa. Y así furiosa salí de la habitación.

Mis padres me sacaron de la escuela, se mudaron con la familia para New Orleans, y me inscribieron en una escuela católica mixta para terminar el octavo grado. Comenzaría en la escuela secundaria católica para niñas ese otoño, pero yo no tenía muchas ganas.

Nunca me hubiera imaginado cuánto amaría a New Orleans y a mi escuela secundaria, o cuánto adoraría la nueva casa de nuestra familia en Bayou St. John. El tiempo les daría la razón a mis padres: Nueva Orleans era un lugar maravilloso para que yo creciera como adolescente. Pero eso no lo sabía cuando llegamos por primera vez a esa ciudad. Estaba furiosa con mi madre por lo que interpreté que su deseo era que yo siguiera el mismo camino que ella había tomado en Cuba. Y mi corazón seguía herido porque mis padres y yo vivíamos en dos culturas diferentes y en dos mundos separados.

Siempre es difícil ser adolescente, pero serlo además como exiliado en la década de 1970, era aún más difícil. Sentí un gran sentido de responsabilidad hacia mi familia, y tener que navegar por un nuevo camino sin ninguna dirección, resultaba confuso. Tuve que construir el puente entre mis padres y un mundo exterior que no entendía la cultura cubana. Como adolescente, esto es lo último que deseas; preferirías salir con tus amigos, o en una cita, chismear, o ir al cine. Cuando veías aquellas fantásticas y sofisticadas familias en la televisión, deseabas que tu familia se pareciera más a ellas. Pero mis padres no estaban dispuestos a aceptar la cultura norteamericana.

Pronto me di cuenta de que no era la única que se sentía así. A menudo he tenido compañeros hispanos inmigrantes que se me acercaban después de una charla y me decían: "Describiste mi experiencia perfectamente. Yo pasé exactamente por lo mismo; siempre estaba buscando la forma de cómo encajar, viendo programas de televisión o leyendo revistas. Pero mis padres simplemente no lo entendían".

Incluso en la gran ciudad, mi familia todavía sentía el dolor de la separación de su país, hasta cuando intentaban adaptarse al nuevo hogar. Me sentía mal porque mi familia tenía diferentes costumbres, diferentes comidas, y un idioma diferente al de las personas que nos rodeaban. Vivíamos como en una comunidad aislada, con muy pocas familias hispanas. Y yo todavía no podía relacionarme con mi cultura.

Estos fueron mis años de formación, cuando era una torpe adolescente tratando de adaptarme. Pero ahora sé que todas las decisiones que mis padres tomaron por nuestra familia estaban basadas en la fe. Sé que me he beneficiado de su devoción a la oración, y he visto con cuánta humildad pedían la guía de Dios en cada decisión que tenían que tomar, y aunque en aquel momento no fui consciente de ello, aprendí mucho.

Creo que crecer en dos mundos me ha ayudado a aceptar la ambigüedad o la duda en mi vida. Me ha hecho estar más abierta a tomar riesgos, tanto personales como profesionales. Sé que cuando me caigo, siempre puedo levantarme e intentarlo de nuevo porque aprendí temprano en la vida a comenzar de nuevo, y ese empezar de nuevo puede significar que tienes que reinventarte.

Pero a medida que crecía, me daba cuenta de que no hay nada que temer, todo lo contrario. Puede significar que te estás convirtiendo en la persona que siempre estuviste destinado a ser.

CAPÍTULO 4

Volverse a reunir y dejar ir

"¡Mamá!" exclamó Raúl. "¿Dónde están? ¿Los ves?"

Los cinco: mis padres, mis dos hermanos menores, y yo estábamos en la terminal del aeropuerto de New Orleans, buscando entre los pasajeros que desembarcaban. Mi madre agarró su rosario y sus ojos se llenaron de lágrimas. No había visto a sus padres en siete largos años, y ahora venían; se estaban mudando para los Estados Unidos.

"¿Dónde están?" gritó Raúl con ansiedad en su voz, que era como todos nos sentíamos. "¿Dónde están?"

Cada vez bajaban más cubanos del avión. Las condiciones empeoraban en Cuba y Castro gobernaba al país con mano de hierro. Los vuelos desde Cuba se habían reanudado y nos dijeron que a los ancianos les resultaba más fácil salir porque Castro había decidido que no los necesitaba. Ahora cada día se iban más; miles de refugiados ancianos huían de su país para comenzar una nueva vida en los Estados Unidos.

En este vuelo viajaban dos pasajeros muy especiales que eran los padres de mi madre: el abuelo Carlos y la abuela Eloísa. Habían salido de Cuba esa mañana. Mi madre había coordinado el viaje para que llegaran a New Orleans poco después que nosotros. Venían a vivir con nosotros.

"¡Los veo!", exclamó Raúl. "¡Abuela Eloísa! ¡Abuelo Carlos!"

Mi hermano fue derecho hacia nuestros abuelos. Solo tenía tres años y medio cuando los vio por última vez, pero aún recordaba sus rostros, tal vez porque mi madre guardaba sus fotos en el tocador del dormitorio, o quizás porque la angustia y el terror de nuestro último día en Cuba había hecho que quedaran sus rostros impresos para siempre en su memoria.

Y allí estaban mis abuelos. Parecían más viejos y pequeños, y, sin embargo, de alguna manera estaban exactamente iguales. Mi abuela llevaba puesto un vestido pulcro y floreado, con el pelo canoso recogido en un moño detrás del cuello. Mi abuelo vestía pantalones y una camisa a rayas, con algunos mechones de pelo blanco que le caían sobre las orejas.

"Papá", jadeó mi madre, con el aliento entrecortado al acercársele su padre con un paso más lento que la última vez que lo vimos. Sus ojos estaban llenos de lágrimas.

"Papá", suspiró mientras él la envolvía en un abrazo.

La abuela Eloísa sollozaba mientras se unía al abrazo familiar, acariciando el cabello, el cuello y las mejillas de mi madre como si hubiera recuperado su posesión más preciada en el mundo.

"¡Mira, Tere!" Mi abuela se secó las mejillas con un pañuelo y se volvió para mirarme. "¡En qué hermosa joven te estás convirtiendo!", me dijo a mí.

Mi abuelo me agarró de las manos y trató de levantarme, pero luego hizo una mueca mientras me volvía a bajar.

"Es su espalda", dijo mi abuela con una sonrisa irónica. "No es tan joven como cree que es". Ella siempre había tenido un gran sentido del humor.

Abrazaron a Raúl, que ahora tenía once años, mucho más grande que el niño de tres años que habían puesto en ese avión que salía de La Habana. Abrazaron a mi padre, y se maravillaron de mi hermano menor, Juan Carlos, "Johnny", a quien veían por primera vez.

"Es tan americano", le susurró mi abuelo a mi madre. A pesar de los rasgos muy cubanos de Juan Carlos, sentían que el hecho de haber nacido en suelo estadounidense lo hacía diferente. En cierto modo lo era.

"Pensamos que no te volveríamos a ver", exclamó mi abuela, sollozando sobre el cuello de mi madre. Siguió riendo y llorando y riendo de nuevo.

"Estamos juntos", dijo mi madre, que rápidamente se estaban convirtiendo en sus palabras favoritas. "Eso es lo que es más importante. Estamos juntos. Eso es lo más importante". Todos lloraban.

Después de casi una década, mis abuelos finalmente pudieron salir de Cuba. Habían tenido que dejarlo todo atrás, igual que nosotros, pero estaban a salvo en Estados Unidos, fuera del alcance de Castro. Ahora ya no estábamos tan solos. En los primeros años, nos habíamos sentido huérfanos en los Estados Unidos, pero ahora teníamos familia. Unos meses antes, el hermano de mi madre había podido salir de Cuba con su familia y se había mudado para New Orleans. Y ahora ella con alegría, se había reunido con sus padres. Hacía años que no la veía tan feliz. Más tarde, se reuniría con su segundo hermano. Fue una bendición para ella volver a tener a toda la familia a su alrededor. Mi padre observó la escena con alegría y anhelo en sus ojos. Sus padres seguían en Cuba, sin poder salir. No lo sabía en ese momento, pero nunca los volvería a ver. Sus once hermanos y hermanas estaban divididos: seis de ellos se habían quedado en Cuba, y los otros seis, incluido mi padre, habían logrado llegar a Estados Unidos. Vi en mi padre la agonía de una familia dividida, deseando cada día que pudieran reunirse. Pero en ese momento, estábamos emocionados de tener al menos a la mitad de nuestra familia intacta. Acompañamos a mis abuelos fuera del aeropuerto, ansiosos por llevarlos a su nueva casa.

El único problema era que en realidad no teníamos una casa. Mis padres se habían negado rotundamente a comprar una casa, con la esperanza de poder regresar a Cuba algún día, incluso cuando las noticias de su tierra natal empeoraban. Pero teníamos que vivir en algún lugar, y ahora que mis abuelos estaban aquí, y éramos una familia de siete personas, era hora de encontrar una casa propia.

Al principio, nos mudamos a un pequeño proyecto de viviendas, donde vivimos brevemente hasta que terminé el octavo grado. Odiaba las viviendas de este tipo.

Luego, cuando estaba en noveno grado, nos mudamos a un hermoso dúplex blanco en Bayou St. John. ¡Me encantó! Tenía mi propio dormitorio, el más grande de toda la casa, justo al lado de la sala de estar. Y la casa estaba a pocos pasos del puente de Cabrini High, mi nueva escuela. Mis amigos podrían venir a casa conmigo después de las clases.

"Ahora sí que todo va a estar bien", dijo mi madre el día que mis abuelos se mudaron. "Estamos juntos. Estamos juntos".

Pero "juntos" no siempre fue algo que disfrutaría. Hacía siete años que no estaba con tanta familia. Tenía trece años; estaba descontenta por haber dejado Reserve para mudarme a New Orleans, y ahora me resultaba aún más difícil conciliar mis dos mundos. Vivía con mis abuelos. Ningún otro adolescente que conocía ¡tenía tantos adultos con los que convivir! De repente, cuando iba a la cocina por las mañanas para desayunar, mi abuela estaba allí bebiendo su café cubano y regañándome por el largo de mi falda o las arrugas de mi camisa.

"¿Te vas de casa así?", gritaba, levantando las manos al aire. "¡Tu cabello es un desastre!"

Con dos personas más en la casa, las habitaciones siempre parecían llenas de gente. No pude ver Leave It to Beaver con tanta frecuencia porque mis abuelos no lo entendían. Ahora parecía que todo lo que veíamos eran las noticias, con un interés aún más urgente por las noticias de Cuba. Quería gritar: "¡No hay noticias sobre Cuba! ¡A nadie le importan esas cosas aquí!" Pero, por supuesto, no quería herir sus sentimientos, y siempre, como buena hija y nieta, me mordía la lengua.

Había pensado que mis padres vivían en el "Viejo Mundo", pero eso no era nada comparado con la emotividad de mis abuelos, que bien podrían haber estado viviendo en un universo diferente. Mis abuelos todavía estaban luchando con el dolor de tener que dejar su país, y hablaban constantemente de nuestros cientos de parientes que se habían quedado atrás. Mi abuelo se pasaba todo el día escribiendo cartas y enviándolas por correo. Se sentaba en el porche delantero todos los días, esperando que el cartero trajera noticias de la familia que había quedado en su querida patria. Pero la mayoría de los días el cartero lo decepcionaba, porque las cartas de Cuba tardaban mucho en llegarnos, y el servicio de correo entre los dos países era impredecible. Cuando llegaban las cartas nos reuníamos en familia para conocer las noticias. Pero la lectura de las cartas siempre terminaba con mis abuelos y mi madre llorando.

Yo nunca lloré pues no recordaba a la mayoría de las personas de las que hablaban. Nuestra familia extendida era tan grande que tuve problemas para rastrear sus historias. Los momentos más tristes eran cuando recibíamos una carta que decía que alguien había muerto. Veía el dolor en los ojos de mis padres y abuelos, pero no lo entendía. Me dolía verlos tan tristes, pero no entendía cuan profunda era su aflicción, y eso me frustraba.

A veces entraba en el comedor y encontraba a mi abuela mirando por la ventana, con la mirada perdida.

"Teresita", murmuraba, haciéndome señas. "¿Alguna vez te conté la historia de cómo tu abuelo compró una tienda para que su hermana pudiera correr?" Y yo me quedaba allí, ansiosa por salir con mis amigos mientras ella contaba alguna larga historia de su mundo lejano. Mi abuela era una mujer inteligente, cariñosa y decidida. Tenía un maravilloso sentido del humor y estaba dedicada a cuidar de mi abuelo. Con el tiempo ella le sobreviviría, falleciendo a los pocos meses de cumplir noventa y nueve años. Pero en aquel momento en que conversaba conmigo, yo era joven y no siempre tenía paciencia para escuchar sus historias.

En los últimos meses de su vida recitaba un hermoso poema: "Nada se borra; nada se acaba. Nada se borra, nada se acaba". Sabía que mi abuela esto lo creía firmemente, pero a veces yo quería borrar nuestro turbulento pasado cubano. Quería que terminara para que pudiera comenzar una nueva vida.

Recientemente, este poema me vino a la mente mientras hablaba con mi tía que había venido de visita de Cuba. Buscó en su frágil memoria los nombres de los miembros de la familia que habían fallecido, y nos relató cómo habían vivido sus últimos años o recordando cómo se dividieron las tierras de mi abuelo en los años posteriores a su salida de Cuba. Nos dijo que lo único que quería el gobierno cubano era borrar los recuerdos.

"*Nada se borra*" dije, recordando el poema de mi abuela. "*Nada se acaba.*" Y mi tía asintió con lágrimas en los ojos. Ese poema me hizo conectarme con mi pasado. Decidí empezar a ordenar la historia; la que mis hijos les contarían a sus hijos algún día. Si contamos esas historias, esto ayudará a preservar de alguna forma nuestro legado.

Durante esos años, mi nueva vida apenas estaba comenzando y no tenía la capacidad para entender como mi cultura cubana me estaba afectando. Vivía en el presente. Pronto empezaría en una nueva escuela con otras chicas que tampoco conocían a nadie. Como estudiantes de primer año, todos éramos nuevos y estábamos nerviosos, lo que nos ponía en la misma situación. También me di cuenta de que, a diferencia de mi escuela en Reserve, Cabrini High School tenía algunos estudiantes hispanos. La preparatoria en Cabrini, guiada por la sabiduría espiritual de la Madre Cabrini, desempeñó un papel fundamental, no solo en mi educación, sino también en la base de mi vida espiritual.

Después del primer día de clases, algunas de las niñas se arremolinaron a mi alrededor para preguntarme: "¿De dónde eres?" ¿Por qué hablas español? Parecían genuinamente curiosas, y para nada críticas o mal intencionadas.

Terminé haciendo muchos amigos en la escuela secundaria, aunque yo era la única hispana entre ellos. Dentro de mi círculo más íntimo me llamaban cariñosamente "Kouba". Estas muchachas se enamoraron de mi familia, les encantaba la comida cubana y les pareció interesante que mis abuelos vivieran con nosotros.

Había pasado muchos años sintiéndome avergonzada por ser diferente, pero ahora tenía amigos a los que les encantaba que fuéramos diferentes. Ninguna de las niñas hablaba español, pero parecían disfrutar escuchando a mis hermanos y a mis padres hablarlo. Después de un tiempo incluso me gustó que me llamaran "Kouba". Mi nuevo nombre parecía ser su forma de aceptarme a mí y a mi familia por lo diferente que éramos.

Poco a poco, mis padres y abuelos comenzaron a construir una comunidad de refugiados cubanos en New Orleans. Mi abuelo tenía en el porche una mesa grande de dominó, y todos los domingos todos los hombres cubanos del vecindario venían a jugar dominó y a beber cafecito cubano. Todavía hablaban de Cuba, y aunque eso era lo que todos en mi familia querían hacer, al menos ahora mis padres y abuelos habían encontrado un grupo de amigos cubanos.

Por lo general, me saltaba los juegos de dominó pues prefería pasar todo mi tiempo con Tessie, mi mejor amiga. Conocí a Tessie al comienzo de mi primer año y de inmediato nos llevamos bien. Aprendimos que teníamos muchas cosas en común, incluidos el mismo gusto por la ropa y la música. Los dos éramos unas inútiles en la mayoría de los deportes, pero nos encantaba cantar. Yo era contralto y ella soprano. "Lo cual es perfecto", me dijo Tessie, "porque eso significa que armonizamos".

Y eso fue lo que hicimos; nos complementamos como hermanas. Yo nunca había tenido una amiga como ella, alguien que me entendiera tan bien y se preocupara tanto por mí. Conoció a mi familia e inmediatamente se conectó con mis padres, mis hermanos y mis abuelos. A mí me pasó lo mismo con su familia. Los padres de Tessie se convirtieron en mis segundos padres.

Si pensaba que mi casa estaba abarrotada de parientes, no era nada comparada con la casa de Tessie: tenía nueve hermanos y hermanas, y muchos parientes por todo el barrio irlandés de New Orleans. Me contó historias sobre la adversidad y los momentos difíciles que su familia había tenido que pasar cuando llegaron a los Estados Unidos. Sus historias sonaban similares a mi propia experiencia cuando vine de Cuba, excepto por el hecho de que ella era irlandesa y yo cubana. Tessie y yo podríamos haber sido hermanas. Así es como actuábamos, y así es como me trató su familia.

"Nunca había conocido a una persona hispana", me dijo. Quería saber todo sobre mi cultura: nuestras comidas, nuestra ropa, nuestra música. Tessie estaba orgullosa de su herencia irlandesa, y le costaba trabajo entender que yo no sintiera el mismo tipo de orgullo por la mía. A veces me preguntaba: "¿Cómo es Cuba?"

"¡No quiero hablar de Cuba!" Le contestaba yo. Es de lo único que hablan mis padres. Quiero hablar de los Estados Unidos.

Le enseñé algunas frases en español, y pudo hablar un poco con mis padres y abuelos. Le encantaba venir a nuestra casa a cenar, y probar el arroz con pollo, la ropa vieja y los plátanos fritos. Tenía curiosidad por todo.

"¿Puedo tomar un mojito?" preguntó inocentemente una noche en nuestra mesa. "¿Puedo tomar un mojito?" Mis padres se miraron incómodos. No querían ofender a mi amiga y les encantaba la curiosidad que Tessie tenía por Cuba, pero tampoco querían ser responsables de proporcionarle su primera bebida de ron.

Luego les dio una sonrisa traviesa y yo les expliqué: "Es una broma. Es una broma".

Otro día, le estaba mostrando a Tessie algunas de las cosas que mi abuela había traído de Cuba: hermosos vestidos cosidos a mano con rojos y azules intensos y amarillos brillantes. No recuerdo cuál de nosotras tuvo la idea primero. Por la forma en que funcionaba nuestro cerebro, por lo general teníamos el mismo pensamiento a la vez. Al cabo de una hora, Tessie estaba vestida con uno de los vestidos de mi abuela y se había puesto una peluca, así como un sombrero con velo. Yo me puse a llamar por teléfono, invitando a otros amigos a que vinieran a casa para que conocieran a "mi tía de Cuba". Tessie deambuló por la casa con ese disfraz durante horas, jugando al dominó con nuestros amigos y fingiendo que no hablaba una palabra de inglés, antes de que finalmente se quitara el velo y la peluca y sorprendiera a todos.

Cuando llegó nuestro último año de high school era hora de que comenzáramos a pensar en el futuro: ¿Qué íbamos a hacer después de la escuela secundaria? El corazón de Tessie estaba decidido a ir a la Universidad Estatal de Luisiana en Baton Rouge, y quería que la acompañara. "¡Seremos compañeras de cuarto, por supuesto!", me dijo emocionada.

Pero yo no estaba tan segura. No es que no quisiera ir a LSU; tenía muchas ganas de ir, y para ser honesta, me era difícil imaginar asistir a una universidad en New Orleans sin Tessie. Pero mi familia no podía permitirse el lujo de enviarme a la escuela.

A mis padres se les ocurrió un plan para que pudiera ir a la Universidad en New Orleans mientras vivía en casa. Esto tenía mucho sentido para ellos pues significaba que podría obtener una educación asequible sin gastar dinero en alojamiento y comida. Nunca se les pasó por la cabeza que yo quería ir a la escuela lejos de casa, pero eso era exactamente lo que quería hacer. Salir de casa me parecía un paso importante, una forma importante de comenzar mi vida adulta, pero también entendí que no era parte de la cultura cubana. Mis padres no querían que viviera fuera de casa.

"Voy a LSU" (Louisiana State University), anuncié, "o no voy a ir a la universidad". No quería que mi decisión les costara dinero, les dije. Mi plan era ahorrar dinero con un trabajo de verano, y luego conseguir otro trabajo en Baton Rouge para poder seguir trabajando mientras asistía a la universidad.

"Yo voy a pagar por todo", les dije.

Presenté mi solicitud a LSU y en la primavera me aceptaron. Inmediatamente me puse a buscar trabajo.

Cuando mis padres vieron lo decidida que estaba, entendieron que esta decisión era importante para mí. Sé que fue difícil para ellos dejarme ir a la escuela a una hora de distancia; era una separación dolorosa, pero pronto me apoyaron. Mi papá incluso me ayudó a conseguir un trabajo de verano, así como otro trabajo que pudiera desempeñar para pagar la matricula una vez que llegara a LSU.

Ese otoño, me fui de casa para comenzar mi próxima aventura. Fue una gran experiencia irme a la escuela y comenzar los estudios para convertirme en psicóloga. Yo era la única persona hispana en mi dormitorio. Una vez más, mis nuevos amigos sentían curiosidad por saber cómo mi familia podía mantener la cultura cubana.

Durante años, sentí como si me estuvieran halando como un resorte. Cuando mis abuelos vinieron a vivir con nosotros a New Orleans, no podía imaginar cómo íbamos a convivir todos bajo un mismo techo. Parecía imposible mezclar culturas, jóvenes y viejos, cubanos y estadounidenses.

No quería tener un pie en Cuba; estaba cansada de tener que repetir siempre las mismas historias sobre ser cubana a todas las personas que conocía, especialmente cuando salía en citas. ¿De dónde es tu familia? ¿Hablan inglés? ¿Por qué vives aquí?

De vez en cuando, salía con alguien que provenía de una familia que no aceptaba a los hispanos. Todavía recuerdo una cita cuando estaba en el último año de la escuela secundaria. Mi amigo me llevó a su casa a recoger algo que había olvidado y me dijo que me quedara sentada en el auto porque a su padre no le gustaban los cubanos.

Por suerte, la mayoría de mis amigos no eran así. Gracias al amor y el apoyo que me mostraron muchos, especialmente Tessie, comencé a sentirme cada vez más asimilada. De lo que no me daba cuenta era cuánto de mi cultura estaba dejando fuera de mi vida. No tenía idea cuando decidí que necesitaba ser "asimilada", lo que me costarían esas ideas y decisiones en los siguientes años. No podía ver a largo plazo los efectos de las muchas veces que tuve que separar mis dos mundos porque no podía unir los dos y aun así "encajar" o ser aceptada.

Después de que comencé mi primer año de universidad, mis padres compraron su primera casa. Creo que la compra fue una señal de que habían cruzado una línea emocional crucial. Por fin, habían admitido tristemente que no regresarían a Cuba, aunque por siempre mantendrían un rayo de esperanza. Podría decir que empezaron a acercarse a mí, pero la verdad es que yo también había empezado a acercarme a ellos. Ahora empiezo a darme cuenta de por qué anhelaban tan profundamente aquellos sueños perdidos. Ahora entiendo lo que realmente significa ser cubano, vivir tu vida en los Estados Unidos y regresar a casa para encontrar tu corazón.

Este es el poema que mi abuela, Eloísa Estévez Rubayo, recitaba una y otra vez. Creemos que ella fue la autora:

Sobre la arena puse tu nombre
Con quien soñaba
Pero a medida que lo escribía
Venían las olas y me lo borraban.

Sobre la piedra lo puse luego
Por si la piedra lo conservara
Como es la roca, como es la piedra.
Nada se borra; nada se acaba.

Mientras vivimos nuestras vidas, estamos creando recuerdos. Estos recuerdos pueden paralizarnos o traernos la comprensión, el perdón e incluso la alegría. Podemos elegir escribir nuestra historia y ver las bendiciones que cada evento nos trae, pero esa elección depende de nosotros. Al final, realmente se trata de convertirte en la persona que Dios quiere que seas. Todo se reduce a conectar con tu auténtico yo. Es posible que debas "presionar el botón de reinicio", si ese es parte de tu camino.

Dios quiere que seamos libres. No se trata solo de exiliados, o de una etnia, o de un pueblo en particular. Se trata de que las personas en general no se sientan libres de ser ellas mismas. Puede ser una enfermedad, una adicción o una experiencia pasada que te impida ser libre, y que no puedes liberarte de ella. Aunque mi experiencia es diferente, respeto el dolor que estás experimentando. He trabajado mucho por reconciliar mis dos vidas tan dispares. Me identifico con las personas que luchan por ser ellas mismas en un mundo que puede parecerles hostil e implacable.

Antes de juzgar a alguien, ponte en su lugar y camina por el camino que esa persona está recorriendo. Sé que no podría hacer las cosas que hago hoy si no me hubiera esforzado. Tendría que seguir trabajando en mí misma y no rendirme. Encuentra y usa tus talentos. Este es el propósito más importante de tu vida.

La mejor versión de ti está a punto de sorprender al mundo.

Álbum De Fotos

Un recuerdo entrañable: mi madre se graduó con orgullo de la escuela secundaria Inmaculada Concepción en La Habana, marcando así el comienzo de su viaje hacia la edad adulta.

Mamá y papá, recién comprometidos y celebrando con alegría su compromiso en la finca de mi abuelo.

Capturando una imagen del romántico viaje de mis padres mientras vivieron en Cuba.

Mi primera foto profesional de bebé, marcando la llegada de la primogénita y primera nieta a una familia estupenda y cariñosa.

De pequeña, me inicié temprano en la equitación. Aquí estoy con mi tía y mi prima en la finca de mi abuelo.

Disfrutando con mi hermano menor nuestros años en Cuba.
Nuestra infancia estuvo llena de felicidad.

A la tierna edad de tres años compartiendo con mi papá y su compañero de trabajo, en un barco llamado Havana.

Felicidad en familia en la playa de Varadero. Mamá, papá y yo junto a mi hermano Raúl. Un recuerdo entrañable y a veces olvidado fue la casa que mi abuelo regaló a mi madre por su boda en esta impresionante playa.

Disfrutando de un momento de descanso con mi mamá y mi hermano en la exuberante finca de mi abuelo.

THE SOUTH COAST CORPORATION

HOUMA
LOUISIANA

July 22, 1961

Sr. Juan Raul Quintana
3 RA. Esq. A Luz Caballero
Jovellanos, Matanzas
Cuba

Dear Sr. Raul:

We are attaching hereto copies of your contract for work as a Bench Chemist at our Terrebonne Factory for the coming grinding season. We would appreciate your returning them promptly so that we can make the necessary arrangements to have you enter the United States prior to the crop.

Yours very truly,

Roland L. Toups
Vice President

nlk

Enc.

La carta en la que se le ofrecía a mi padre una oportunidad de trabajo en los Estados Unidos, y que marcó el comienzo de nuestro viaje y a dejar nuestra patria.

Nuestra primera foto, tomada unos meses después de llegar a los Estados Unidos, durante un período de esfuerzos y luchas, en el que encontramos refugio en un proyecto de casas para refugiados.

Cuando salí de Cuba llevaba esta muñeca en el avión que, aunque parezca muy desgastada, el vínculo entre nosotras era profundo.

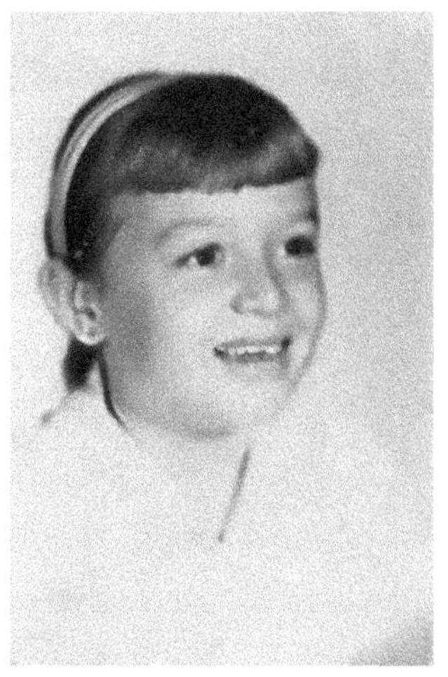

*El día de mi foto con el vestido blanco.
Es un recuerdo que ha quedado
grabado en mi corazón para siempre.*

*El reencuentro de mi pádre con dos de sus hermanos. A uno de
ellos se le concedió la rara oportunidad de visitar los Estados Unidos.
Recuerdo mi sorpresa cuando compartió con nosotros, con detalles,
que el gobierno cubano le había negado el simple placer de beber leche
durante la mayor parte de su vida adulta, obligándolo a tener que
tomar sol para tener el calcio necesario.*

Mis abuelos maternos residieron con nosotros en New Orleans, llevando consigo hasta sus últimos días el dolor de haber dejado Cuba. Su amor inquebrantable del uno por el otro fue una bendición muy preciada.

PEREGRINO DE LA CARIDAD

Celebración de la Santa Misa
Plaza Antonio Maceo
Santiago de Cuba
Lunes 26 de marzo de 2012, 5:30 p.m.

Nuestro viaje de regreso a Cuba se convirtió en una peregrinación
espiritual dirigida por el Papa Benedicto XVI.

Mi mamá y yo durante la visita a nuestra casa en Cuba, donde encontramos consuelo al sentarnos en el patio trasero, recordando los momentos que ella pasó en esa casa. En medio de una profunda sensación de pérdida y tristeza, buscamos la conexión con nuestros recuerdos más preciados.

Allá mi madre se reunió con alegría con muchos miembros de la familia, incluida su prima más cercana, a quien consideraba como una hermana. Lamentablemente, poco después de nuestro viaje, su querida prima falleció, recordándonos que el tiempo es oro.

Mi mamá, mi papá y mis hermanos reunidos para celebrar una ocasión familiar. Un momento preciado en el tiempo.

¡La vida es para bailar! Mi papá era más feliz cuando estaba en la pista de baile. Nunca necesitó una gran excusa para organizar una fiesta. Me encantó poder compartir con el esa celebración.

Mi mamá, mi papá, Raúl y yo, juntos en el 50 aniversario de nuestra llegada de Cuba, y conmemorando un hito importante del viaje de nuestra familia.

Sábado memorable que unió a mi familia y amigos cubanos en Florida para celebrar el día de mi boda, marcando un hermoso momento en el tiempo. Apenas dos días después tuvimos la inesperada pérdida de mi amado hijo Danny que ensombreció nuestra felicidad. En medio de la angustia, el sábado siguiente mi familia y amigos se volvieron a reunir en Dallas para honrar a Danny en su funeral. Esta conmovedora transición de siete días que fue de inmensa alegría a una profunda tristeza resultó un duro recordatorio de los giros impredecibles de la vida.

Mamá y papá. ¡Qué increíble legado nos han dejado! ¡Qué vida tan increíble! ¡Qué honor celebrarlos a través de las narraciones en estas páginas!

CAPÍTULO 5

Las decisiones nunca son fáciles: comenzando una carrera y una familia

Mi familia es el centro de mi universo. En mi cultura cubana, vivir cerca de la familia es una gran prioridad. Mi madre vivió con sus padres cuando se casó, y luego sus padres vivieron con ella después de que llegaron de Cuba.

Criar a mi propia familia en una ciudad diferente a la de mis padres fue difícil para todos. Fue difícil pues había que romper la tradición de vivir cerca de la familia, pero esa fue mi elección y parte de mi nueva identidad como norteamericana.

Mi exesposo y yo nos conocimos en la Universidad de Tulane, donde yo asistía a la escuela de posgrado. Cuando empezamos a salir, parecía que teníamos mucho en común, aunque teníamos dos orígenes muy diferentes. Él tenía una pequeña familia de ascendencia irlandesa y alemana, y me costaba entender por qué nunca visitaba a sus primos; ¡Solo tenía dos! Había muchas diferencias que superar, pero en ese momento no se interpusieron en el camino de nuestra relación.

Dos años después recibí mi maestría en trabajo social, y nos casamos. Trabajé durante un par de años en New Orleans asesorando a inmigrantes en una clínica de salud mental como directora de servicios para hispanos. Pero luego me ofrecieron un trabajo en Dallas y mi vida dio un giro total. De repente me enfrenté a una decisión que cambió mi vida: ¿podría mudarme tan lejos de mis padres?

Mientras estábamos en Luisiana empacando, la tía de mi exesposo me llamó para decirme que una importante empresa de tecnología en Dallas estaba contratando empleados.

"Tienen plazas vacantes, Marie", me dijo. "Creo que deberías entrevistarte una vez que llegues a Dallas".

Me sentía halagada, pero a la vez confundida. "No tengo un título en tecnología" pensé.

"¡Están entrevistando a personas que tienen maestrías en humanidades! La empresa quiere contratar a personas con diferentes conocimientos, y capacitarlas en todo lo que van a necesitar saber sobre tecnología", me dijo ella.

Estaba intrigada por aquella oportunidad, y también preparada para un desafío y la ocasión que se me presentaba de hacer algo diferente al trabajo social. Ansiosa esperaba una carrera que tuviera que ver más con los negocios, y estaba entusiasmada con la oportunidad de utilizar las técnicas que había aprendido en el trabajo social, pero a nivel empresarial. Así que investigué sobre aquella compañía y me gustó lo que averigüé. Agarré el teléfono, concerté una entrevista, y me dijeron que estaban ansiosos por conocerme.

En mi primera noche en Dallas, me miré al espejo del baño de nuestro nuevo apartamento y practiqué respondiendo docenas de preguntas para la entrevista una y otra vez, hasta que me sentí cien por ciento preparada. A la mañana siguiente me vestí con una blusa blanca almidonada y una chaqueta azul. Me hice el lazo del cuello, y me fui dispuesta a la entrevista que cambiaría el curso de mi vida.

Lo recuerdo como si fuera ayer. La sede regional de la compañía estaba ubicada en un edificio gris, alto y majestuoso. Entré en el vestíbulo y respiré profundo. Esto iba en serio, y yo estaba lista, me dije para mí. Unos minutos más tarde entré en la oficina del vicepresidente de recursos humanos y le estreché la mano. Y comenzó la entrevista. Cada una de las preguntas que me hacía eran las que yo había practicado la noche anterior, y al día siguiente me ofrecieron un trabajo.

La empresa me dio la opción de completar un programa de formación de dieciocho meses, ya fuera en ventas y marketing o en ingeniería de sistemas. Estos rigurosos programas de capacitación eran similares a los programas de posgrado de las escuelas de comercio. Completar uno de estos programas era similar a recibir un máster en administración de empresas.

Las ventas y el marketing parecían ser las opciones para mí. Venía de trabajar haciendo trabajo social y sabía cómo tratar a la gente. También tenía buenas habilidades en comunicación y pensé que sobresaldría en las relaciones con los clientes. No había duda de que disfrutaría de ventas y marketing, y que estaba bastante segura de que sería buena en eso. Pero elegí ingeniería de sistemas. A veces, todavía me pregunto por qué lo hice. Sabía que la ingeniería sería la más difícil de las dos opciones, pero creo que por eso lo hice: las ventas y el marketing habrían sido una salida fácil, pero si elegía ingeniería de sistemas, conocería la esencia, el núcleo del producto de la empresa. Pensé que eventualmente cambiaría a ventas y marketing, pero si tenía primero nociones y experiencia en ingeniería, entonces sabría exactamente lo que estaba vendiendo.

El programa era agotador. Aprender programación de ensamblaje no era algo que me gustaba, aunque sabía que quería adentrarme en áreas en las que no me sentía cómoda de forma natural. Estaba rodeada de gente que eran ingenieros profesionales; evaluadores de producción, con un intelecto de pensamiento analítico y lógico, que entendían de forma innata tanto el idioma como el lenguaje. Yo, sin embargo, no tenía disposición hacia la ingeniería por lo que esto se convirtió para mí en un aprendizaje total.

Pero aprendí muchísimas cosas, como la importancia de trabajar en equipos y estar rodeada de gente cuyos talentos y capacidades complementaban los míos. Aprendí el poder del enfoque y la dedicación. Llevaba carpetas y libros a todas partes, y mis amigos decían que estaba obsesionada con aquello. Cuando me llamaban para invitarme a cenar los fines de semana, les decía: "No, no puedo ir; tengo que estudiar". Tengo un amigo que aún habla de lo "ratón de biblioteca" en que me convertí durante ese año y medio.

Pero lo hice, y sobresalí. ¡Me convertí en una exitosa ingeniera de sistemas! Este fue el comienzo de mi carrera empresarial. Siempre elegí los caminos más difíciles, los que eran ambiciosos y exigían todo de mí. No quería simplemente resolver las cosas; quería sentir un desafío y perseverar para poder obtener éxito. Mi carrera ha sido un viaje diverso que ha abarcado una amplia gama de campos e industrias. Comencé como ingeniera de sistemas, pero gradualmente cambié la marcha a operaciones de tecnología, ventas, marketing y comunicaciones y, finalmente, ascendí en la escala corporativa hasta alcanzar los puestos de vicepresidenta de tecnología, vicepresidenta ejecutiva de ventas y marketing; más tarde, vicepresidenta ejecutiva de comunicaciones, y directora de marketing. Trabajé en algunos campos inesperados utilizando capacidades y habilidades que no sabía que poseía; competencias que había ido adquiriendo a lo largo del camino.

Cuando empecé en la empresa de la tecnología solo tenía veinticuatro años. Sabía que algún día iba a tener hijos, pero no sabía si seguiría trabajando una vez que los tuviera. Trabajaba en una industria en la que predominaban los hombres. En la década de 1980 no había muchos modelos femeninos a seguir, y ciertamente ninguno que estuviera ¡embarazada! Nadie hablaba de ello; no era como hoy, con todos los beneficios que tenemos ahora, incluida la licencia de maternidad.

Una vez que decidimos tener hijos, me di cuenta de que tenía una gran carrera, y era lógico que, por razones económicas, debía seguir trabajando. Fue un desafío equilibrar las exigencias y prioridades de la carrera, y las de una joven familia. Además, mi experiencia como madre fue aún más desafiante porque mis tres hijos nacieron prematuros. Cinco años después de que me puse por primera vez mi chaqueta azul y me fui a trabajar, le di la bienvenida al mundo a Danny, mi primogénito, que nació el 4 de julio, que también es el día de mi cumpleaños. Pero Danny llegó seis semanas antes y tuvo complicaciones que hicieron que tuviera que permanecer en la unidad de cuidados intensivos neonatales durante las primeras seis semanas de su vida, pues sus pulmones no estaban completamente desarrollados y habrían colapsado por sí solos si no hubiera sido por los cuidados especiales ya que necesitaba oxígeno suplementario para respirar. Un año más tarde se descubriría un tensioactivo sintético que permitiría a muchos bebés prematuros como Danny, respirar por sí mismos. Pero en ese momento no tuvimos más alternativas que dejarlo en la unidad de cuidados intensivos neonatales.

Tenía una licencia de maternidad de seis semanas que utilizaba para visitar a Danny en el hospital todos los días. Sin embargo, una vez que llegó a casa, tuve que regresar al trabajo, y fue muy difícil. Deseaba que mi familia estuviera más cerca, y empecé a comprender por qué mi madre había querido que viviéramos cerca.

Encontré a una abuela jubilada que me ayudó a cuidar a Danny ya que él estaba demasiado frágil para dejarlo en la guardería. Sin embargo, fue progresando muy bien y pronto se convirtió en un bebé travieso. Pude entonces continuar mi carrera mientras cumplía con las responsabilidades de la maternidad.

Cinco años después, recibimos la increíble noticia de que ¡íbamos a tener gemelos! Quien era mi esposo entonces y yo habíamos estado tratando durante años de tener otro bebé, ¡y ahora íbamos a tener dos! La ecografía mostró que eran una niña y un niño. ¡Estaba feliz!

Tuve un embarazo muy difícil con los gemelos, y mi médico me ordenó que pasara los últimos seis meses en reposo en cama. Sin embargo, no iba a poder aguantar los seis meses. Empecé a vivir en la cama, y para una personalidad tipo A como la mía y en aquella época antes de los iPads y de las videoconferencias, fue una locura. Intenté inventarme pequeños proyectos y luego, cuando Danny llegaba a casa de la escuela, me mostraba sus últimos trucos de magia, pero no podía imaginar cómo iba a aguantar tantas semanas en cama.

Entonces ocurrió mi peor pesadilla. Un día me desperté a las dos de la madrugada aterrorizada: estaba sangrando profusamente. Mi marido me llevó al hospital, y lo que los médicos ordenaron hizo que mis dos semanas de reposo en cama parecieran fáciles, pero no iba a ser así. Querían que me quedara en la cama del hospital en una posición elevada, con la cabeza baja y los pies hacia arriba, en el aire. Fue incómodo y aterrador, pero detuvo la hemorragia. Pero después, una noche un ataque de tos hizo que mi cama quedara empapada en sangre. Toqué el timbre para llamar a la enfermera, y cuando entró en mi habitación, hizo la señal de la cruz. "Voy a buscar al médico" gritó mientras salía corriendo. Mi médico era un obstetra de alto riesgo y, en las primeras horas de la mañana actuó rápidamente para llevarme directamente a cirugía. "Es grave", me explicó. "Podrías morir; tus bebés podrían morir". Me llevaron en silla de ruedas al quirófano.

Mis gemelos nacieron el 8 de diciembre, la festividad de la Inmaculada Concepción, con solo veintiocho semanas de embarazo. Brian pesaba tres libras y dos onzas. Era el bebé más pequeño que había visto en mi vida. Pero entonces vi a Katie. Mi hijita pesaba solo dos libras y once onzas. Ambos estaban en cuidados intensivos neonatales, y apenas podía ver su piel por todos los tubos que les habían conectado.

Enloquecí cuando descubrí que Katie tenía un hematoma (un bulto de sangre sólida debajo de los tejidos) en el cerebro. Pero a medida que pasaban las semanas, el hematoma fue desapareciendo y mantuvimos la esperanza de que desaparecería por completo.

El hospital me mandó para la casa unos días después, pero allí quedaron mis dos bebés. Brian y Katie permanecerían hospitalizados durante los siguientes tres meses, conectados a tubos y monitores. Los gemelos fueron los afortunados receptores del tensioactivo sintético que ya por entonces habían elaborado, y que no existía cuando nació Danny. Gracias a este tratamiento milagroso, los gemelos pudieron respirar.

Como yo solo tenía ocho semanas de baja por maternidad, tuve que regresar al trabajo, pero era casi imposible concentrarme con los bebés en el hospital. Los visitaba todos los días, hablaba con ellos, los observaba como respiraban y oraba. Los dos bebés fueron dados de alta el mismo día, el 28 de febrero, que era la fecha en que debían de haber nacido. Ambos llevaban monitores cardíacos que a veces se apagaban en medio de la noche, y el sonido fuerte de las alarmas nos despertaban. No creo que nadie en la casa pudo dormir bien durante ese primer año de vida de los gemelos.

Milagrosamente, los gemelos sobrevivieron y crecieron fuertes y sanos. Dios me había dado dos embarazos aterradores, pero también tres hijos maravillosos. Hoy en día, Katie y Brian son unos increíbles jóvenes adultos que viven sus vidas conscientes del propósito de Dios para ellos.

La vida puede a veces enseñarnos a ser humildes. El haber tenido tantas dificultades para traer a mis hijos al mundo, me ayudó a poner mi vida en perspectiva. Mi trabajo era importante, pero no tanto como mi familia. Mis hijos siempre han sido un reto para mí, me han hecho una persona más humilde, y me han dado alegrías mucho más grandes que ningún trabajo me hubiera podido dar. Han crecido sabiendo los retos que tuve cuando era más joven, y lo difícil que fue para mis padres venir a este país y dejar su patria atrás.

Katie y Brian me inspiran a ser la persona que soy hoy, tomando unos pocos pasos adelante y parar entre esos pasos para enfocarme en lo que es importante. Nos apoyamos unos a otros y respetamos nuestras debilidades mientras que trabajamos en hacer la mejor versión de cada uno. Estoy muy orgullosa de los jóvenes adultos en los que se han convertido.

CAPÍTULO 6

Un giro inesperado

Un día recibí una llamada telefónica que volvería a darle un vuelco a mi vida. La llamada era de un antiguo colega que era ahora presidente de una gigantesca empresa de tecnología con sede en Texas. "Quiero que vengas a unirte a nosotros", me dijo. "Te prometo que no te arrepentirás". Y tenía razón.

Después de haber estado en aquel nuevo trabajo durante un año, hubo un cambio radical ya que el fundador de la empresa, que acababa de perder las elecciones presidenciales, volvió a ser el CEO, o el director ejecutivo de la empresa. Un día su asistente me llamó para preguntarme si conocía a alguien que hablara español. Que yo supiera, nadie allí sabía que yo era cubana y que hablaba español. Todavía entonces yo vivía en dos mundos, y no veía la necesidad de decirle a nadie que era cubana. Quería construir mi carrera sin mi identidad como cubana. Sentía que era una carga tener que explicar toda la historia de cómo habíamos llegado a este país y por qué era diferente de mis colegas. En aquel momento no conocía a ningún compañero de trabajo que fuera hispano.

"Sí", le dije. "Me crie hablando español. De hecho, el español es mi primera lengua".

"Genial". "¿Puedes acercarte a la oficina del CEO de inmediato? Es una situación humanitaria", me dijo. "Subo enseguida" le contesté.

Cuando llegué a la oficina, vi a unos cuantos hombres reunidos alrededor de un teléfono con altoparlante de manos libres. En la cabecera de la mesa estaba sentado nuestro director general, que pareció aliviado al verme llegar.

"¡Marie está aquí!" dijo el.

Me ofrecieron un asiento y me acercaron el teléfono. Uno de los hombres sentados cerca de mí me susurró al oído: "Es un asunto de un secuestro".

El hombre al otro lado de la línea del teléfono estaba en una situación desesperada. Seis años antes su hijo había sido secuestrado, y desde entonces había agotado todo su dinero negociando con el secuestrador y consultando con sus abogados. Había utilizado todos los recursos para tratar de recuperar a su hijo. Ahora se encontraba al límite pues se estaba quedando sin dinero y sin opciones.

"Quisiera saber si podrías ayudarme", me dijo el hombre.

El compañero que tenía a mi lado susurró de nuevo: "Esto sucede con mucha frecuencia. La gente siempre nos llama pidiendo ayuda humanitaria".

A pesar de lo sorprendida que estaba con todo esto, me dejó aturdida aún más saber que la compañía a veces ayudaba con estas solicitudes. El director ejecutivo, o el CEO de la compañía, era un visionario que se había convertido en multimillonario y más tarde en una persona de renombre.

"No estoy seguro de cómo podemos ayudarte", le dijo nuestro director al hombre, "pero estamos contentos de poder intentarlo".

"Marie, ¿crees que puedes ir a Costa Rica por unos días para ver qué puedes hacer?"

Fue así como acabé tomando un avión privado a Costa Rica para comenzar a negociar la liberación de una víctima de secuestro. Volé a la mañana siguiente con una pequeña maleta hecha a toda prisa. No estaba muy segura de lo que iba a hacer una vez que llegara a Costa Rica, y no sabía cuánto tiempo me llevaría el trámite, así que no tenía ni idea de qué empacar.

Cuatro horas después el avión aterrizó en San José, la capital de Costa Rica, y luego esperé en la pista, dentro del avión, durante otras cuatro horas.

"¿Qué está pasando?", pregunté. El piloto me señaló por la ventana. "Eso es lo que está pasando". Al lado de nuestro avión, había un enjambre de policías costarricenses y del Servicio Secreto de los Estados Unidos y luego, más arriba en la pista, el Air Force One. El presidente de los Estados Unidos había llegado a Costa Rica exactamente en el mismo momento que nosotros. La suerte quiso que esa semana se celebrara una cumbre del comercio y la inmigración en San José, y los jefes de Estado de América del Norte y de América Central estuvieran reunidos en el aeropuerto. No había nada que hacer; solo esperar hasta que el departamento de seguridad nos autorizara salir.

Cuando finalmente salí del aeropuerto, me senté a conversar con el hombre que había llamado a nuestra oficina. La situación del secuestro era aún más complicada de lo que habíamos entendido inicialmente. El niño había sido secuestrado por su abuelastro. Por supuesto, el abuelastro tenía su versión personal de la historia, y debido a que era pariente, dijo que tenía algunos derechos legales sobre el niño. Mientras las dos partes discutían, el abuelastro mantenía al niño encerrado en un sitio fuera de la ciudad.

La policía no pudo determinar si la ley consideraba que el hecho fuera un "secuestro", por lo que se negaron a tomar medidas. Hasta que pudiéramos demostrarles que el padre realmente tenía derechos legales sobre el niño, no intervendrían. Aparentemente, esto no iba a ser una solución fácil. Informé a mi jefe estas cosas.

"¿Podrías permanecer allí un tiempo para ver si se puede arreglar esto?", me preguntó. "¿Lo podrías hacer?"

Tenía tres hijos en Texas, a dos mil millas de distancia. Era una decisión difícil. Después de hablar con el que por entonces era mi esposo y también con mis padres, y todo el tiempo orando, pensé que esto era algo que debía hacer, que era como una llamada a la que estaba llamada a hacer.

"Sí, señor" le dije. "Me quedaré".

De entre los grandes proyectos a gestionar que había tenido, este fue, sin duda, el más extraño e interesante. Me documenté sobre los detalles de esta familia y sobre algunos aspectos de la ley costarricense. Me reuní con abogados y policías, e incluso trabajé con un juez de la Corte Suprema de Justicia de Costa Rica. Viajé por todo Costa Rica reuniéndome con diferentes personas en varias ciudades para conversar el caso y las diversas leyes implicadas en el asunto.

Pero todo tardó más de lo esperado. Presenté una demanda que estaba segura resolvería el problema, pero luego el tribunal perdió mi documentación. O mi demanda era anulada por algún tecnicismo imprevisto. Sin casi darme cuenta, había pasado ya un mes entero.

"Mami, ¿cuándo vas a volver a casa?", me preguntaban mis hijos por teléfono en llamada de larga distancia. Danny tenía once años y los gemelos seis.

"Pronto", les decía, aunque en realidad no sabía cuándo sería. Mi jefe hizo volar a mi familia a Costa Rica para que me visitaran en varias ocasiones, pero aun así era difícil tener que pasar mis días sin ellos.

Pero también noté que me estaba sucediendo algo extraño. Era la primera vez que vivía ya adulta en un país donde el español era la lengua nativa, y la cultura hispana era la que me rodeaba.

Estaba comiendo alimentos que me recordaban a la comida cubana que mis padres cocinaban cuando era niña, y la gente en Costa Rica se vestía con ropas que me recordaban a la que usaba mi abuela.

¿Hubiera sido esta mi vida de haber seguido viviendo en Cuba?, me pregunté.

Había pasado toda mi infancia tratando de asimilar y borrar mis raíces hispanas, y ahora yo estaba aquí, viviendo en un país de Hispanoamérica, ¡y me encantaba! Sentí una gran afinidad con todo. Aunque nunca había estado allí antes, sentí a Costa Rica como si estuviera en casa; de una forma que ni en New Orleans ni en Dallas había sentido.

Pasó otro mes. Estuvimos investigando más sobre la ley de custodia de los hijos que nunca imaginé que haría, y finalmente todos los esfuerzos comenzaron a dar sus frutos. Descubrimos un tratado internacional de la Convención de las Naciones Unidas sobre los Derechos del Niño que rige los casos de niños secuestrados. Este secuestro era una clara violación de ese tratado, lo que significaba que no teníamos que pasar, para nada, por los tribunales de justicia costarricenses. El abuelastro estaba violando las leyes de derecho internacional.

A través de los tribunales presentamos una denuncia internacional. Una vez más, estaba segura de que esto finalmente cerraría el caso, y pensé que pronto el niño se reuniría con su familia y yo me reuniría con la mía, pensé. Pero no fue así. El caso fue desestimado, y pasó otro mes.

Fui a los medios de comunicación, publiqué artículos y editoriales en los periódicos, hice entrevistas por televisión y radio. Pronto, muchas personas en Costa Rica se enteraron del caso, y la gente incluso me reconocía por la calle: "¡Tú eres esa americana que busca al niño secuestrado!", decían al verme.

A medida que la visita y el caso se prolongaban, y aunque aún no habíamos encontrado al niño, finalmente pude regresar a mi casa. Mientras mi avión se elevaba del aeropuerto de San José, eché un vistazo más a la costa costarricense. Luego, una vez que volamos más alto también vi el contorno de Cuba. Y aunque todavía no lo sabía, estaba a punto de hacer un viaje a mi tierra natal.

El caso continuó, y después de meses de trabajo incansable en los que estuve involucrada además con muchas otras personas, finalmente pudimos hacer reclamaciones legales contra el abuelastro del niño, las autoridades intervinieron, y el niño fue eventualmente devuelto a su padre.

Para mi sorpresa, unas semanas después de mi regreso a los Estados Unidos, recibí una llamada telefónica. "Le habla el embajador de Estados Unidos en Costa Rica, me dijo el embajador. "Quería que supiera que, gracias a sus esfuerzos y los de su equipo, el gobierno costarricense ha decidido iniciar el proceso para ratificar la Convención de las Naciones Unidas sobre los Derechos del Niño. Esperamos que esto ayude a muchas familias en el futuro". No puedo describir cómo me sentí al recibir aquella llamada. En el mundo corporativo de los Estados Unidos mi trabajo rara vez había tocado la vida real de las personas, por lo menos no de una manera tan significativa. Me di cuenta de que, aunque había estado trabajando muy duro durante muchos años, el trabajo que había realizado durante aquellos meses en Costa Rica tenía un propósito humanitario que nunca olvidaría.

Si quieres ser feliz y sentirte realizado, no basta con encontrar un trabajo. El éxito en los negocios tiene muchas dimensiones. Para tener éxito, debes encontrar lo que es importante para ti, un trabajo significativo, trascendente, que también te rete y estimule; te desafíe y te brinde un propósito.

Mi trabajo en Costa Rica me había permitido reconectarme con mi herencia hispana allanando el camino para mi eventual regreso a Cuba. Pero también me había enseñado que era capaz de hacer mucho más. Había respondido a una llamada para hacer algo que no era parte de mi profesión, pero que había ayudado a cambiar la vida de otras personas.

Respondí afirmativamente a aquella llamada y eso me llevó a Costa Rica, pero mientras estaba allí también respondí a otra llamada pues este viaje resultó ser la semilla que me llevaría a regresar a Cuba años después. Ahora parece que en aquel momento yo estaba destinada a vivir en Costa Rica por un tiempo, a hablar español todos los días y a comer aquel tipo de comida para que me recordara de mis raíces cubanas. Como alguien dijo una vez: "La coincidencia es la forma que Dios tiene de permanecer en el anonimato".

CAPÍTULO 7

Pequeños consejos de sabiduría

Danny, mi primogénito, era un joven increíble que irradiaba mucha alegría a todos los que tenían la suerte de conocerlo. Hace muchos años, la maestra de preescolar me pidió que fuera a la escuela después de las clases para hablar conmigo sobre mi hijo. "A veces, en medio de la clase Danny se acercaba a la ventana y se quedaba allí, completamente inmóvil, viendo a los hombres que cortan el césped", me dijo. "Lo llamo, pero no me contesta. Simplemente se queda allí".

No entendía que era lo que me quería decir la maestra. "Supongo que le gustan las cortadoras de césped" le dije. Y era cierto. Recordé que una vez me señaló cómo el color de la hierba cortada era diferente al color de la hierba sin cortar, y cómo el camino de la cortadora de césped dejaba marcas, como dibujos, en la hierba. Se fijaba en cosas muy interesantes. Pero la maestra continuó: "Tiene problemas de atención. Quizás debería llevarlo a algún especialista para que le haga pruebas", terminó diciéndome.

Poco tiempo después, Danny fue diagnosticado con TDAH (trastorno con déficit de atención con hiperactividad) y también con problemas de aprendizaje. Como cualquier padre, solo quería lo mejor para mi hijo. Quería que su vida fuera tranquila, fácil, con bienestar, y pocas aflicciones. Estos diagnósticos me rompieron el corazón porque cada uno de ellos significaba que la vida de Danny sería muy difícil.

Lo inscribí en una pequeña escuela privada donde podía recibir mucha atención individualizada, y una vez que estuvo en este nuevo ambiente, pudo avanzar. A pesar de todos los nuevos diagnósticos, seguía siendo el mismo niño curioso y de buen corazón. Sus nuevos maestros lo amaban por su dulzura, de hecho, siempre era el favorito del profesor. Ahora que recibía la atención que necesitaba, no tenía ningún problema para recoger las cosas, o procesar la información que le enseñaban. Aprendió a leer, escribir y las matemáticas como los demás niños, y pasó los grados correctamente.

"Odio cuando la gente se enoja conmigo y no tienen razón para enojarse". Danny estaba sentado frente a mí con un ojo magullado y una cortada en el labio. Para entonces estaba en la escuela secundaria y un grupo de muchachos bravucones lo habían elegido para molestarlo, y no lo dejaban en paz.

Sabía que Danny nunca, pero nunca buscaría pelea. Prefería estar en casa jugando videojuegos, en vez de empujar e incitar a nadie a la pelea en el patio de recreo. Pero hoy los bravucones le habían arrebatado la mochila y habían tirado todo el contenido al suelo. Luego habían pateado sus libros y se habían burlado de su tarea mientras volaban los papeles por los aires; y después lo habían tirado al suelo y lo habían golpeado.

"No voy a volver", declaró. "Esa es la única solución posible. Nunca volveré a esa escuela". Lo abracé fuerte.

"Pero tienes que volver", le dije. "Siempre habrá abusadores en el mundo, y aunque te quedes en casa y no vayas a la escuela, eso no va a cambiar nada. Esconderse de ellos no hará que esos muchachos desaparezcan. Lo único que puedes hacer es demostrarles que eres mejor que ellos. Ignora sus provocaciones, sigue haciendo tu trabajo, y sé siempre un hombre bueno".

Aunque era aún muy joven, parecía asimilar lo que le había dicho y consideraba todo con mucha seriedad. Entonces me dijo: "Está bien. Volveré, pero no puedo prometerte que siempre seré un mejor hombre".

Cuando le llegó el momento de ir a la escuela secundaria, los médicos le habían diagnosticado a Danny el síndrome de Asperger en alto nivel, y que es una forma leve de autismo. Era tímido y poco atlético, pero por alguna razón el entrenador de fútbol se fijó en él y lo tomó bajo su guía. Le pidió a Danny que se convirtiera en el encargado del equipo de fútbol. Dicen que los mentores son una de las relaciones más importantes que se pueden tener, y ese indudablemente fue el caso con mi hijo. Danny llegó a conocer bien al equipo, y con él viajaba los fines de semana a los juegos fuera de la ciudad. Aprendió todo lo que pudo sobre el fútbol y llegó a amarlo, animando desde el banquillo y apoyando a su equipo. Los jugadores lo trataron con amabilidad y respeto, como a otro más del grupo. Ese puesto de director le cambió la vida. Hizo amigos, pero mucho más que eso: el nuevo nombramiento le dio confianza en sí mismo ya que en este cargo fue aceptado por lo que él era.

Durante el último partido del último año escolar, Danny le dijo al entrenador que hubiera querido ser jugador de fútbol americano. El entrenador le dijo que se pusiera el traje y que fuera a jugar. "Siempre has sido miembro de este equipo", le dijo el entrenador, "¡así que ve a jugar!" Danny fue al campo y jugó una vez, pero eso le provocó mucha ansiedad, aunque eso para él fue lo más importante durante aquellos años en la escuela secundaria. Al final del juego, el entrenador y el resto del equipo le otorgaron la pelota del juego en agradecimiento por su compromiso, devoción y amistad.

Más tarde ese año, Danny me dijo que quería ir a su baile de graduación. Ya le había preguntado a la hija de un amigo de la familia, y ella le había dicho que sí.

"¿Está bien que vaya?", me preguntó.

"¡Es genial!" le dije. No sabía que mi hijo quería ir al baile de graduación.

Lo llevé de compras para que se probara un esmoquin, y cuando salió del probador, no lo reconocí. Estaba tan acostumbrada a verlo en jeans, o en pantalones deportivos o cortos, que me quedé muda.

"¿Qué te parece?", me preguntó.

Danny se había convertido en un joven apuesto. Lo abracé allí mismo en la tienda lo que probablemente le causó vergüenza, pero no pude evitarlo.

La noche del baile de graduación contraté a un chofer y le tomé fotos mientras se subía al auto y se iba a recoger a su compañera. ¡Me sentí tan bien y tan afortunada! Pero solo un par de horas más tarde, mientras lavaba los platos en la cocina, entró Danny por la puerta.

"¿Qué pasa?", le pregunté.

"No pasa nada. Acabo de pasar la mejor noche de mi vida".

"¿Pero por qué has vuelto a casa tan temprano?"

Se encogió de hombros. "Tuvimos una excelente cena; comí hasta que me llené, y luego bailamos una pieza, y pensé que ya debía regresar a casa".

"¿No se supone que debes quedarte hasta el final?"

"Mamá", me explicó, "debemos hacer las cosas porque queremos, no porque se supone que debemos hacerlo".

Luego volvió a ponerse los jeans y pasó el resto de la noche entreteniéndose con videojuegos.

Danny tenía calificaciones por encima del promedio normal y terminó su último año graduándose sexto en su clase. Cuando llegó el momento de elegir una universidad, los consejeros nos recomendaron que consideráramos enviarlo a una escuela a una hora al norte de Dallas, algo lejos como para que Danny intentara vivir por su cuenta, pero no tan lejos para que así pudiéramos ir a verlo regularmente.

No estaba convencido de que la escuela, que era conocida principalmente por sus programas de pre-medicina y pre-derecho, fuera una buena opción para mi hijo. El plan de estudios era estructurado y riguroso. Me preocupaba que eso pudiera ejercer demasiada presión sobre él y no darle la flexibilidad que hasta el momento había tenido. Pero los consejeros pensaron que esta universidad estimularía a Danny y lo ayudaría a mejorar su autodisciplina. Me convencieron de que este era el mejor paso para sus necesidades educativas.

Llevamos a Danny a la nueva escuela; fue a su dormitorio y lo ayudamos a desempacar y después nos despedimos. Fue un momento difícil, sabía que la universidad abriría oportunidades para mi hijo, pero también le ofrecería nuevos desafíos. ¿Por qué no había una manera de ayudar a nuestros hijos a crecer, pero también evitarles las duras lecciones de la vida? Claro que no las hay, pero conociendo a Danny, me preocupé. ¿Tenía la capacidad emocional necesaria para navegar este nuevo capítulo de su vida?

Al principio, se adaptó. Durante su primer semestre, trabajó para el periódico de la escuela como editor deportivo, pero tenía problemas con las clases, y cuanto peor se ponían las cosas, más pánico sentía. Sintió que se iba quedando rezagado cada vez más. Al final de ese primer semestre, sus calificaciones eran malas y había perdido la confianza en sí mismo.

A los pocos días, la escuela nos llamó para informarnos que Danny había tenido un tipo de crisis, y había sido ingresado en un hospital psiquiátrico. Le habían dado un nuevo diagnóstico. Nos dijeron que era un tipo de trastorno mental diferente al que pensábamos que tenía. Nada prepara a un padre para aceptar que su hijo enfrenta una batalla diaria tan difícil e impredecible. Como madre, mantienes siempre la esperanza para tus hijos; deseas que tengan éxito y lleven una vida maravillosa. Pero de pronto un diagnóstico lo cambia todo. Haces todo lo que puedes para aferrarte a la esperanza. El dolor es intenso y la injusticia es difícil de sobrellevar. Fuerzas tus emociones y sabes en tu interior que Dios no le da niños discapacitados a todo el mundo. Él te ha seleccionado a ti para un propósito mayor: servirle a Él brindándole a un niño especial un amor incondicional; un niño que quiere contribuir al futuro del mundo de una manera que solo él o ella entienden.

Esa dificultad que mi hijo ha sobrevivido en sus primeras tres décadas de vida es mucho más grande que lo que la mayoría de los adultos tienen que soportar durante toda su vida. No es justo, y a veces eso me agobiaba. Pero entonces mi hijo, mi dulce y querido hijo, me recordará: "Solo podemos trabajar con lo que tenemos. Y con lo que tenemos seguiremos trabajando tan duro como podamos".

Danny trabajó muy duro y, finalmente, después de once años, se graduó de la universidad. Salió un día en una estación de televisión local como un "tejano con carácter" por su perseverancia en terminar sus dos años de carrera universitaria. Todos estábamos muy orgullosos de él, y decidí celebrarlo con una fiesta de graduación en casa. Todos sus grandes amigos asistieron, incluido el entrenador de deportes de la escuela secundaria que siempre había tenido confianza y creído en él. Y también su mejor amigo, Steve, que todavía se ocupaba y tomaba el tiempo para llamar a Danny e invitarlo a almorzar.

Mis amigas más cercanas, incluida mi querida amiga Sharon, también asistieron. Estas mujeres sabían que solo Dios podía intervenir en la vida de Danny. Gracias a Danny establecimos un grupo de estudio bíblico que todavía hoy en día existe. En este grupo oramos unos por otros, por nuestros hijos y por nuestro propósito en la vida.

Danny estaba muy feliz cuando caminó por la alfombra roja hacia el podio para recibir su certificado. Me di cuenta de que era para el uno de los momentos de mayor orgullo de su vida. Hubo muchos discursos conmovedores y muchos lloraron. Mi hermano Raúl escribió una hermosa carta que leyó en voz alta durante la ceremonia:

"Puedo asegurarte, Danny" dijo Raúl, "que no tengo mucha sabiduría que ofrecerte. Sin cambio, quiero compartir contigo tres cosas que tu si me has enseñado a mí".

Primero: **Vive el momento y acepta con ojos de niño las cosas que damos por hechas,** y hasta las pequeñas molestias se convertirán en momentos mágicos. Me has enseñado a aceptar las cosas inesperadas, - pero sorprendentes-, que nos rodean y que a veces no valoramos, o que vemos como disgustos diarios. Estos son los momentos que hacen que la vida valga la pena ser vivida.

Segundo: **Si tienes la voluntad, hay un camino**. Miro alrededor de esta sala y estoy seguro de que muchos de nosotros aquí tenemos múltiples títulos universitarios. Obtener un título universitario es el paso requerido para tener una vida buena y productiva, y muchos de nosotros no lo dudamos. Sin embargo, lo que tú has hecho es mucho más que obtener un título universitario. Lo que has podido superar hace que, en comparación, todos nuestros títulos universitarios juntos parezcan menos importantes. Tomaste la decisión de perseverar a pesar de todos los motivos que tenías para no hacerlo, y solo con una auténtica voluntad obtuviste el título universitario. Danny, tú me enseñaste que el poder de la voluntad humana es verdaderamente ilimitado. Si tienes la voluntad, hay un camino.

Tercero: **Cree en Dios, y todo lo demás encajará perfectamente**. El hecho es que no estás solo, Danny, y que nunca lo has estado. Tu voluntad te llevará lejos, pero tu fe en Dios te ayudará a escalar montañas. Has vivido momentos en tu vida que no me pensé que sucederían. Tienes tanto que enseñarme en el camino de la fe en Dios, que estas pocas palabras no podrían describirlo nunca. Me has enseñado que Dios tiene un plan para cada uno de nosotros mucho más grande de lo que nosotros imaginamos. Cree en Dios y todo se ajustará perfectamente en su lugar."

Cuando Raúl terminó de hablar no había un ojo seco en aquel salón. Me asombró y me conmovió que mi hijo hubiera podido enseñar tantas cosas a un hombre adulto.

Danny ha sido un regalo para todos nosotros. Nos dejó demasiado pronto y sé que Dios lo necesitaba. Perdimos a Danny el 17 de octubre de 2017, después de fallecer de una embolia pulmonar durante una visita de rutina al hospital. Nos dejó un legado que ha tocado e impactado a muchas vidas, y que continúa haciéndolo, especialmente en su antigua escuela donde se ha creado la Beca Danny Cummiskey de Liderazgo y Servicio, y que es tan codiciada por los niños de la escuela secundaria.

Muchas veces pensamos que lo íbamos a guiar con nuestra sabiduría, pero resultó que él ya tiene más sabiduría que todos nosotros.

CAPÍTULO 8

Reconectando

Desde el momento en que mis padres dejaron su Cuba natal y huyeron conmigo a los Estados Unidos, nunca dejaron de soñar con el día en que pudieran regresar. Cuba los siguió atrayendo; los siguió llamando para que regresaran, y nunca estuvo lejos de sus mentes y de sus corazones.

Tenemos familia que todavía está allá, y es inmensa la tristeza que sienten mi madre y mis tíos cuando recibimos la noticia de que un miembro de la familia ha fallecido. No pueden dejar de sentir que incluso después de cincuenta años, exista la posibilidad de que pudiéramos verlos de nuevo.

Pero también siempre entendimos que nunca íbamos a poder volver a Cuba mientras viviera Fidel Castro. Aunque a lo largo de los años y desde que mis padres se mudaron a los Estados Unidos, el régimen de Castro ha suavizado un poco las restricciones de las visas de viaje, Cuba sigue siendo una dictadura comunista. Castro tenía una buena memoria de las personas que consideraba traidoras, y aunque ya no existe, el gobierno que hay hoy todavía tiene un ejército de burócratas cuyo único trabajo es rastrear a los desertores cubanos y hacerles la vida difícil si regresan a la isla.

A pesar de que mis padres continuaron comiendo y vistiéndose, y pensando como cubanos, también gradualmente llegaron a comprender que nunca regresarían a su país, y que la única Cuba que verían era la que vivía en sus recuerdos, o en cualquier comunicación que les llegara en las cartas, y en las visitas familiares. Esto no les gustaba, no era lo que ellos querían, y se pasaron la mayor parte de sus vidas resistiéndose a aceptarlo. Pero poco a poco, y a regañadientes, llegaron a admitir que esa era la realidad.

El ansia que ellos tenían y soñaban con volver a su patria, se fue desvaneciendo y finalmente en la vejez renunciaron a la idea del regreso, aunque sus conversaciones eran como si hubieran llegado a los Estados Unidos ayer.

Y entonces sucedió lo inesperado.

Mis dos hermanos ya habían visitado Cuba. Juan Carlos fue primero en 1995, y regresó con muchas historias sobre todas las personas que había conocido en la isla, incluidos los hermanos y hermanas de mi padre y sus hijos y los hijos de los hijos. Nos contó cómo era cada uno de ellos y cómo vivían. Mi padre le hacía un sinfín de preguntas. Cada vez que Juan Carlos respondía, mi padre recordaba más cosas que quería preguntar. Juan Carlos también me contó que había conocido a mi madrina, Cristina.

"Quiere saber cuándo vas a visitarla, Marie", me dijo mi hermano.

"No puedo volver sin mami y papi", suspiré. "Se los prometí".

Pero ya Juan Carlos me había metido la idea en la cabeza, y allí se quedó, tentándome, atrayéndome. ¿Cuándo iba a visitar Cuba? Tres años más tarde Raúl también fue y relató su visita en una larga carta que nos escribió con mucho cariño a Juan Carlos y a mí. Esa carta me hizo sentir casi como si hubiera estado en Cuba junto con él. . . pero también pensé que me había perdido algo extraordinario y fundamental. Su carta me provocó el anhelo por algo que estaba segura de que ya no volvería a ver. Según iba leyendo la carta, lloraba junto a una caja de Kleenex. Esto es lo más cerca que estaré de Cuba, pensé al terminar de leerla.

Les había prometido a mis padres que no regresaría a Cuba sin ellos, y esa promesa la tomé en serio. Pero cada vez que se me ocurría la idea de llevarlos conmigo de visita, mi padre lo rechazaba de inmediato. "No es seguro para nosotros", decía siempre. —"Mientras Castro viva, no".

No quise insistir en el tema. Mis padres ya tenían suficiente estrés por estar lejos de Cuba para que yo ahora los presionara a que se arriesgaran a hacer un viaje que podría resultar realmente peligroso. Así que dejé de pensar en ello. "Me sentiré bien si nunca vuelvo a Cuba", me dije a mí misma. Pero no sabía lo que me esperaba.

En el 2012 se nos presentó una oportunidad milagrosa. Al año siguiente se cumpliría el cuarto centenario de la aparición de la Virgen de la Caridad del Cobre que es la Patrona de Cuba. Corría un rumor de que el Papa —en ese momento, Benedicto XVI— viajaría a Cuba para celebrarlo. Si el Papa fuera a Cuba, estaría acompañado por un contingente de obispos, incluido mi primo, el obispo Estévez, que era entonces obispo de San Agustín en la Florida. Nunca habíamos pensado que tendríamos la oportunidad de visitar Cuba, pero ahora las circunstancias estaban cambiando, y tal vez pudiéramos tener, por fin, la oportunidad de ir, ¡en una peregrinación religiosa que incluía al Papa! Pero las probabilidades de que todo esto se concretara eran tan remotas, que no me tomé nada muy en serio, aunque en mi corazón sentía una creciente emoción. Si todo saliera bien, ¡por fin podría visitar mi tierra de nacimiento!

Entonces recibí una llamada del obispo Estévez.

"Marie", me dijo, "va a ocurrir. El Papa va a Cuba, pero hay un requisito. Si quieres ir, tienes que llevar toda tu documentación a la Arquidiócesis de Miami en el plazo de cinco días".

Aquello parecía casi imposible. Mi padre estaba enfermo y acababa de mudarse a un hogar de ancianos; no estaba en condiciones de viajar. Su deteriorada salud nos estaba estresando a todos, sobre todo a mi madre. ¿Seguiría ella queriendo ir a Cuba a pesar de todo esto? Siempre se tomaba mucho tiempo para reflexionar las cosas antes de tomar decisiones importantes, incluso en circunstancias normales. Y estas circunstancias no eran nada normales. Pero nos sorprendió a todos cuando nos dijo: "Sí, quiero ir".

Tenía preocupaciones, por supuesto; no tenía intención de abandonar a mi padre que se estaba adaptando a su nuevo hogar e incluso mostraba signos de mejoría. "Si su condición empeora, entonces no vamos", dijo mi mamá. "Pero si este viaje es algo que Dios quiere que hagamos, entonces iremos".

La salud de mi padre no fue el único obstáculo que tuvimos que superar. También había una enorme burocracia que había que solucionar: necesitábamos visas de Cuba y papeleo de los Estados Unidos, y también teníamos que encontrar el pasaporte estadounidense de mi madre, así como su pasaporte cubano de hacía cincuenta años atrás, olvidado desde hacía mucho tiempo. ¡Había tantas cosas que podían salir mal! Pero confiábamos en que, si Dios quería que fuéramos, todo saldría bien, y si no, entonces ese era Su plan, y lo aceptaríamos. Pero de alguna manera el papeleo llegó a buen puerto, el asunto quedó zanjado, y aunque ninguna de las dos podíamos creerlo, ¡mi madre y yo nos íbamos a Cuba!

Los meses previos al viaje fueron difíciles para mi mamá. Era casi como si el costo emocional de aquel viaje fuera jugando físicamente con ella, afectando su capacidad para avanzar. Se le presentaron varias enfermedades y sufrió algunas lesiones, incluido un nervio comprimido en la parte inferior de la columna que le impedía caminar. Me preocupaba lo difícil que sería el viaje si ella no podía caminar. Entonces mi amiga Tessie tuvo una idea brillante: podíamos llevar una silla de ruedas. Donde hay voluntad, hay un camino. Buscamos la silla de ruedas, y ese viaje fue la única vez que mi madre usó una silla de ruedas en toda su vida.

El día de nuestra partida el aeropuerto estaba lleno de periodistas que querían saber por qué íbamos a volver y cómo nos sentíamos. Aunque nuestro equipaje tenía estrictos requisitos de peso, mi madre había empacado en su bolsa pequeños regalos para cada uno de nuestros familiares. Había planeado cada regalo con cuidado y según las necesidades de cada uno, sabiendo que a todos en nuestra familia les hacía falta mucho más de lo que nosotros podíamos llevar. No sé cómo le quedaba espacio en la maleta para sus cosas.

A bordo del avión, enviamos nuestros últimos mensajes de despedida a la familia sabiendo que una vez que llegáramos a Cuba no habría recepción de teléfonos celulares ni Internet.

Nuestro vuelo despegó. Una ola de emoción recorrió todo el avión solo media hora más tarde. Miré por la ventana y vi una isla de color verde brillante con forma de caimán: era Cuba. ¿Cómo era posible que algo que había estado tan lejos de mi toda la vida, ahora estaba tan cerca? ¿Y cómo era posible que algo tan cercano se haya sentido tan imposiblemente lejano hasta hoy?

Toqué el hombro de mi madre y señalé hacia la ventana. Cuando lo vio, susurró: "Mi Cuba", y sus ojos se llenaron de lágrimas. Lo decía una y otra vez con la mano sobre el corazón mientras las lágrimas corrían por sus mejillas.

"Mi Cuba. Mi Cuba. Mi corazón."

Cuando aterrizamos en Santiago de Cuba todos pasajeros del avión aplaudieron y lloraron. Había llegado a Cuba, una frase que no pensé que sería capaz de pronunciar en mi vida. Habíamos vuelto a casa.

Cuenta la leyenda que hace cuatrocientos años, tres pescadores luchaban con las tormentosas aguas del Mar Caribe. Temiendo por sus vidas, rezaron a la Virgen María. De repente, los cielos se despejaron, y fue cuando los pescadores vieron una imagen en madera de la Virgen, completamente seca y sin haber sido tocada por la tormenta. A partir de ese día la Virgen María fue adoptada como protectora de todos los cubanos.

El Papa estuvo en Cuba para celebrar el aniversario de este milagro, la aparición de la *Virgen de la Caridad del Cobre*. El Papa Benedicto XVI oficiaría una misa en la ciudad de Santiago, y luego otra, una semana después en la capital, en La Habana, al otro lado de la isla.

Nuestro autobús nos llevaría directamente a la Basílica de Nuestra Señora de la Caridad de El Cobre para prepararnos para la Misa del Papa. Este viaje era la primera vez que veía a Cuba desde que habíamos salido del país hacía tantos años.

Viajar por Cuba es como viajar en el tiempo. Puedes verlo inmediatamente en la ropa que usa la gente y en los autos que conducen. Es como entrar en el set de rodaje de una película de la década de 1950. Entonces te das cuenta de los pocos coches que hay en realidad. Casi no hay tráfico en Cuba, un recordatorio aleccionador de que muy pocos pueden permitirse el lujo de tener un automóvil.

Tampoco hay publicidad. ¡Imagínese conduciendo por una ciudad importante sin ver ninguna valla publicitaria! En nuestro camino, las únicas señales que vimos eran hechas a mano: *"¡Bienvenido a Cuba, Benedicto XVI, Peregrino de la Caridad!* *"¡Bienvenido a Cuba, Papa Benedicto!, ¡Peregrino de la Caridad!* También vimos algunos letreros que no estaban hechos a mano, letreros oficiales que proclamaban: "Cincuenta años de socialismo, cincuenta años de revolución".

Llegamos a la tarima donde tenían preparado el altar donde el Papa oficiaría la misa, y desde mi asiento pude ver a la multitud reunida por kilómetros y kilómetros de distancia de nosotros. El Papa se dirigió al pueblo cubano con mucha bondad y compasión, y por primera vez en mi vida, me sentí un cubano más. Cuando el sol se ocultaba bajo las lomas, vi la puesta de sol más hermosa que he presenciado en mi vida.

Esa noche, volamos a La Habana. Nos quedaba una semana para estar en Cuba, y el tiempo nunca me había parecido tan valioso. Luego de cincuenta años de ausencia, tenía solo una semana para ponerme al día con mi familia extendida, mi hogar y mi lugar de nacimiento.

Mi primer momento de humildad fue cuando, en nuestro primer día en Cuba, nos despertamos y fuimos a disfrutar de un maravilloso *brunch* en el restaurante del hotel. Dos miembros de nuestra familia iban a reunirse con nosotros para almorzar, pero no se les permitió estacionar en el parqueo del hotel, y no los dejaron comer con nosotros. Nos dijeron que el hotel era solo para turistas. Esto era inaudito para mí.

Mientras conducíamos por las calles ese día, mi madre hablaba en voz baja sobre los edificios por los que pasábamos y cómo los recordaba. La mayoría se encontraban en un estado ruinoso después de muchos años de abandono. La Habana parecía una ciudad que había sido golpeada por un terremoto o bombardeada. Tenía la sensación de que los edificios mismos estaban de luto, pidiendo a gritos que se le devolviera a su integridad física para reunirse con las familias que una vez habían vivido allí y ahora estaban lejos.

Mi madre se incorporó en su asiento.

"¡Gira aquí!", le ordenó a mi primo, que conducía. Luego le ordenó que se estacionara y saltó del auto.

"¡Espera!", la llamé. "¿No quieres tu silla de ruedas?"

"No necesito una silla de ruedas", me respondió. "Mis piernas reconocen donde estoy".

Aquel edificio había sido la escuela de mi madre. Caminó a través de lo que alguna vez fue un hermoso patio; dobló una esquina. La seguí hasta una pequeña capilla con una imagen de la Virgen María en el altar. Allí cayó de rodillas y yo me arrodillé a su lado.

"Gracias", susurró, "por guiar a nuestra familia a través de las aguas turbulentas y ayudarnos a encontrar una nueva vida".

Volvió la cara hacia mí. "Gracias por apoyar a mis hijos y a mi hija para que pudieran orientar a sus hijos, y por bendecir nuestras vidas". Tocó el suelo frente a ella. "Aquí es donde comenzó mi fe. . . aquí", dijo mi madre a la Virgen. "Y me has dado un camino de regreso a ti para que pueda darte las gracias".

Los días siguientes fueron casi abrumadores. Conocí al hermano de mi padre, el tío Cosme, que ahora tiene noventa y nueve años.

"¡Dios mío!", dijo. "Me has traído un milagro".

Conocí a tías, tíos y primos, una familia que apenas conocía, pero que me conocían a mí y me querían, y que seguían siendo parte de mí, incluso a través de todo el tiempo y la distancia.

Visitamos la casa donde mi madre había crecido y donde habíamos vivido antes de irnos de Cuba. Caminamos por el comedor donde mi madre había cenado todas las noches con su familia. Se dejó caer en la silla donde se había sentado su padre y lloró.

Regresamos a la iglesia en la que mis padres se habían casado, y donde me habían bautizado a mí. Experimenté un increíble sentido de consanguinidad sabiendo que nuestra familia se había vuelto a reunir. Estaba desbordada de gratitud porque Dios me había bendecido trayendo a mi madre de vuelta a Cuba. Durante ese viaje, algo cambió en mí. No sería del todo correcto decir que descubrí algo en Cuba, porque lo que descubrí había estado allí todo el tiempo: era un sentido de conexión. Me di cuenta de que, en mis huesos y en mi sangre yo era cubana.

La misa del Papa en La Habana fue otra celebración a la Virgen de la Caridad del Cobre. Habló el Papa del profundo sentimiento de paz en el pueblo cubano y dijo que, a pesar de todos los años de dolor, la Virgen siempre había estado y estará a nuestro lado. "La Virgen nos une", dijo, usando una frase que todos los cubanos conocemos bien: la Virgen nos une. Pensé en mi familia, separada todos estos años por la política y la tragedia, y supe que era verdad. La Virgen nos une.

Los sacerdotes nos pidieron a mi primo Marty y a mí que distribuyéramos rosarios a las personas que estaban esperando afuera para oír misa. Centenares de personas abrieron sus manos y repartimos los rosarios sin darnos cuenta de que estábamos siendo captados por la televisión cubana. El día que nos fuimos de Cuba, los empleados del aeropuerto nos reconocieron de esa aparición en la televisión, y nos pidieron un rosario.

Decir adiós fue terriblemente doloroso. No había ninguna palabra que expresara suficientemente lo que queríamos decir; ese "hasta pronto" no era lo adecuado. Pero entonces dijimos: "Que Dios continúe bendiciéndote y cuidándote en todas tus necesidades".

Mi tía me entregó una caja que había guardado durante cincuenta años. En ella había un brazalete de dijes, o colgantes, que mi padre le había regalado a mi madre y que mi mamá había dejado antes de arriesgarse a perderlo en manos de los ávidos guardias en el aeropuerto. También tenía mi taza de plata de cuando era una bebé, ahora deslustrada y abollada, y mi "álbum de bebé", que incluía un mechón de mi cabello de cuando era una niña pequeña, y que estaba metido en un pequeño sobre.

"Tere" me dijo ella, "he estado cuidando todo esto durante cincuenta años con la esperanza de poder dártelo". Yo no paraba de llorar. Sentí como si hubiera estado aferrada a mis emociones durante toda mi vida, y que ahora emergían todas a la vez.

Y así llegó el momento de volar de regreso a casa.

Han pasado ya más de diez años desde nuestro viaje a Cuba. Mi mamá tiene noventa y cinco años. Cuando la miro hoy, pienso en la bendición de que se tuviera la oportunidad de llevar a mi madre de regreso a la tierra en la que nació. Veo que ahora no tendría la salud tan buena como para hacer nuevamente ese viaje.

El tiempo es oro; no lo desperdicies. A veces, una puerta solo se abre una vez y tienes la oportunidad de atravesarla. Haber llevado a mi mamá de regreso a Cuba para experimentar algo tan extraordinario, fue un regalo que solo Dios podría haber hecho posible.

¡Oh, cuántos milagros experimentamos en la vida! ¡Cuánto atesoro el don de haberme encontrado a mí misma! Esa niña que pasó por tanto dolor y que quería olvidar que era cubana, ahora es una mujer adulta que está sanando de ese dolor. Ahora sé por qué Dios me hizo experimentar este milagro de volver a mi hogar con mi madre. Mi corazón está lleno de amor, gratitud y de recuerdos que atesoraré por el resto de mi vida.

CAPÍTULO 9

La vida está hecha para bailar

Cuando somos jóvenes pensamos que nuestros padres vivirán para siempre. Pienso en mi padre, con su sombrero de fieltro de ala ancha, y su guayabera; un caballero cubano cómo siempre fue. Ya fuera paseando por la playa de Miami, besando a mi madre en un banco del parque, o posando para una foto, siempre desbordaba ese tipo de gozo que parecía decir: "¡Ven! ¡Vamos a celebrar!". Y eso mismo fue lo que hizo: lo celebró. Claro que nuestros padres no vivirán para siempre, y aceptar eso es una parte difícil e inevitable de la edad adulta.

Unos meses después del octogésimo noveno cumpleaños de mi padre le fue diagnosticado Alzheimer, y su enfermedad vino acompañada de una afección de la que nunca había oído hablar antes conocida como sundowning, o signo del atardecer. Su confusión e inquietud empeoraban cada noche después de que se ponía el sol, y luego mejoraban con la luz del día. Como resultado de esta condición, lo pasaba muy mal y no podía dormir toda la noche. Cuando llegaba el amanecer, sus síntomas se aliviaban y estaba más tranquilo. Pero pronto dejó de intentar dormir por la noche. Las noches se convirtieron en días, y los días en noches.

Antes del diagnóstico, habíamos celebrado sus 89 años con una gran fiesta de cumpleaños con todos sus amigos. A mi papá le encantaban las fiestas. "La vida es una fiesta", decía él, "¡y está hecha para bailar!" Tenía casi nueve décadas, y sin embargo estaba lleno de vitalidad. Ese día bailó toda la noche rodeado de sus amigos. Ni siquiera le importó la comida que servimos; a él lo que le interesaba era que tuviéramos buena música para que él y sus amigos pudieran bailar. Era invencible.

Lo veía bailar, y nunca imaginé que un año y medio después estaría en un hospital con el corazón debilitado. Pensé que mi padre viviría hasta los cien años. En realidad, pensé que viviría para siempre. Pero después de su fiesta de cumpleaños el Alzheimer progresó. Luego, cuando ya había cumplido los noventa años, su enfermedad de insuficiencia cardíaca congestiva empeoró repentinamente y lo tuvieron que llevar de urgencia a la sala de emergencias con líquido en los pulmones. El hospital logró que no muriera esa noche, pero sabíamos que necesitaría atención médica por el resto de su vida, por lo que tuvimos que trasladarlo a un hogar de ancianos.

Allí en su nueva casa, lo visitaba todos los meses. Conocí a sus nuevos amigos que a veces jugaban dominó con él, reían juntos, veían partidos de béisbol y dormían la siesta. No importaba lo que estuviera haciendo, cuando yo iba a verlo mi presencia lo hacía sonreír. Disfrutaba de las visitas de la familia más que de cualquier otra cosa.

"¿Cómo estás, papi?", le preguntaba. Yo quería saber sobre la comida en esa casa, cómo lo estaban tratando, y su salud. Pero él hacía un gesto con la mano como para no darle importancia a mis preguntas y no responder.

"¿Cómo estás?", volvía a preguntarle. Pero él siempre quería saber sobre lo que estaba sucediendo en mi vida en lugar de hablar sobre lo que estaba sucediendo en la suya. Le hacía feliz que le hablara de mí y de sus nietos.

Al mes siguiente lo fui a visitar de nuevo, justo antes de hacer un viaje a Europa. Mi hija había terminado su último semestre estudiando en el extranjero, y nos íbamos a recorrer juntas varios lugares de Europa. Por eso quise visitar a mi papá antes de irme. Pero esta vez, papá no estaba jugando al dominó, ni riendo con sus amigos. Lo encontré cerca de la entrada del hogar de ancianos sentado en su silla de ruedas con la gorra de beisbol que tanto le gustaba, y una de sus camisas azules favoritas. Al verme, como siempre, pareció estar feliz. Pero esta vez, también lucía cansado.

"¿Cómo estás?", le pregunté.

En lugar de responder, extendió la mano para tocarme la cara. "Quiero que sepas que te adoro", dijo simplemente.

"Oh, Papi. Yo también te adoro; te quiero mucho."

Los dos sabíamos que no le quedaba mucho tiempo. Después de un rato de visita me despedí. Al irme supe que tal vez no lo volvería a ver más.

Lloré cuando llegué al aeropuerto. Llamé a mi mamá para preguntarle si ella creía que debía hacer el viaje, o si sería mejor quedarme aquí con papá. Pero ella me animó a ir. "Marie, él querría que estuvieras con Katie, pasándolo bien, y viendo lo bello que la vida tiene para ofrecer", me dijo. "Él quiere que continues con tu vida".

Volé a Europa y me encontré con mi hija en Barcelona. Luego viajamos por Francia y luego a Portugal, donde se nos unió mi hermano Juan Carlos. Visitamos el Santuario de Fátima donde la Virgen María se apareció a tres pastorcitos en 1917 y donde los peregrinos acuden a rezar y dar gracias. Mi hija y yo asistimos a misa en la hermosa basílica, y en ese lugar santo no dejaba de pensar en mi padre. No pude contener las lágrimas. Katie y yo encendimos una vela por abuelo, y le dije a mi padre que la Virgen María estaría con él cuando llegara el momento para llevarlo al cielo.

Esa noche, cuando regresamos a nuestro hotel en Lisboa, había varios mensajes de mi hermano Raúl pidiéndome que lo llamara. No quería oír lo que me iba a decir, pero a regañadientes marqué su número.

"Marie, papá murió", me dijo.

Mi corazón se rompió en un millón de pedazos. Yo sabía lo que mi hermano me iba a decir, pero nada podía haberme preparado para el intenso dolor de pérdida que me invadió. El hombre que había conocido y amado durante cada minuto de mi vida; el hombre que me había cuidado y que había creído en mí, incluso cuando yo no creía en mí misma, se había ido. ¿Cómo podría haberme preparado para esto?

Llamé a mi madre. El llanto no me dejaba hablar, y ella tampoco podía. Incluso si hubiera podido hablar, realmente no hubiera sabido qué decir, porque no había nada que decir. Solo quería abrazarla y volverla a abrazar. Inmediatamente comenzamos a preparar el regreso a los Estados Unidos.

Nuestra familia celebró en San Petersburgo un servicio religioso con el ataúd abierto, y allí pude darle el último adiós a mi padre. Sobre todo, quería agradecerle las innumerables enseñanzas y la formación que había recibido de él. Me arrodillé junto al ataúd abierto y le hablé. Era como tantas otras conversaciones que habíamos tenido él y yo. Una de mis cosas favoritas era caminar por la playa con mi papá, contándole sobre los acontecimientos en mi vida y pidiéndole consejo. Quería tomar un paseo más por la arena, una vez más, y preguntarle qué debía hacer con los problemas a los que me enfrentaba en el trabajo, y qué era lo que debía hacer con mis relaciones personales. ¡Lo que hubiera dado por abrazarlo una vez más en la playa y decirle cuánto lo amaba!

"Papi, quiero que sepas la inspiración que has sido para mí", le susurré. "Cuando eras joven tomaste la decisión más difícil que pueda imaginar. Lo dejaste todo atrás: a tus padres, tus hermanos, hermanas, tu carrera, tu casa, tu vida entera, para que pudiéramos ser libres y estar a salvo; para que pudiéramos vivir en un país con las libertades que no teníamos en Cuba. Llegaste a los Estados Unidos sin nada más que tu familia. Y después de renunciar a tanto, podrías haber elegido vivir el resto de tu vida lamentándote y siempre abatido, pero en lugar de eso, decidiste vivir tu vida con alegría. Incluso en medio de la terrible tristeza e injusticia, siempre creíste que la vida es hermosa: las puestas de sol, los pájaros, las flores, las relaciones que tenemos, y los momentos que creamos. Dondequiera que mirabas veías algo positivo. Viste cada cambio en la vida como una nueva oportunidad".

"'La vida es una fiesta, y está hecha para bailar'", decías. "Tu energía positiva me dio la fuerza que necesitaba para vivir mi vida. Gracias a ti tengo la valentía para intentar cosas nuevas, y tengo la fe de que no importa lo que esté haciendo, Dios me ayudará a encontrar el mejor camino. Lo más importante de todo lo que me enseñaste fue que alejarme de una situación perjudicial requiere a veces más valor que permanecer en ella. Una y otra vez me has enseñado fuerza e integridad para distanciarme de lo que no conviene, y comenzar de nuevo. Gracias por todo". "Adiós, Papi".

Cuando se llevaron el ataúd, tuve la sensación de querer viajar en él y desaparecer con él. Me parecía que desaparecer era mejor que tratar de vivir sin él. Pero en lugar de eso, utilizando la fortaleza que él me había enseñado, salí de la iglesia y encontré la manera de comenzar de nuevo.

Tuvimos un último funeral en New Orleans, en la iglesia a la que asistían mis padres y a la que yo fui cuando era niña. Muchos de los amigos de mi padre vinieron a presentar sus respetos ese día. Él había tocado muchas vidas. Pero quizás lo mejor de todo fue que recibimos desde Cuba la visita de Alberto, el ahijado de mi padre. Mi padre se había pasado la vida enviándole dinero, tratando de ayudarlo, esforzándose por mantener el contacto con él y con su familia. Alberto siempre había soñado con viajar a los Estados Unidos para poder conocer a mi padre en persona y agradecerle su amor y apoyo de tantos años. Pero no pudieron conocerse personalmente.

Cuando Alberto se enteró del fallecimiento de mi padre, quedó devastado. Dijo que esperaba poder asistir al funeral, como era el deseo de mi padre. En ese momento viajar entre Cuba y los Estados Unidos era casi imposible, y nos dijeron que hacer un viaje así con poca antelación, para una fecha específica, era impensable. Pero Dios tenía grandes planes. Me había enterado de que el Departamento de Estado de vez en cuando hacía excepciones especiales cuando ocurre una muerte en la familia, así que llamé a todos los que se me ocurrieron hasta que encontré a un amigo que tenía otro amigo con un poco de influencia en el consulado en La Habana. Milagrosamente, pudimos obtener una visa. Mi padre se había ido, pero la perseverancia que había heredado de él había dado sus frutos.

En el funeral de mi padre, Alberto conoció a nuestra familia por primera vez. Nos contó sobre todas las cosas buenas que mi papá había hecho por él a lo largo de los años. En los días que siguieron, Alberto caminó por la ciudad sorprendido, con los ojos bien abiertos. Fue a su primer partido de las Grandes Ligas de Béisbol de Estados Unidos; hizo una compra en un Walmart, y lució su primer reloj de pulsera. Yo sabía que mi padre debía de estar sonriéndose desde el cielo, viendo a su ahijado apreciar tantas cosas nuevas.

Dice que cuando subió al avión, una azafata le ofreció una Coca-Cola, y que no lo podía creer. No había tomado una Coca-Cola desde la infancia. Pero lo que más le sorprendió fue que aquella Coca-Cola era gratis. Mi primo se quedó atónito cuando entró en la tienda de regalos del aeropuerto de New Orleans. Se creyó por un momento que había entrado en la Casa de Bijan en Rodeo Drive. Las baratijas, los juguetes, los recuerdos... Nunca había visto algo así antes. ¿Podría una tienda como esa atender a simples pasajeros?

Pero todavía tuvo un choque cultural mayor cuando lo llevamos al Museo Kennedy. Nos sorprendió que supiera todo sobre JFK porque, lamentablemente, el régimen cubano, trágicamente, continúa restringiendo a los cubanos de sus necesidades materiales básicas y de la falta de información. Los cubanos siguen prisioneros en su propio país donde las leyes, como la Ley de Pesca de Cuba (Ley 129) impone una alta sanción a los pescadores; prohíbe la pesca, y hace prácticamente imposible alimentar a su familia. ¿Quién ha oído hablar de una isla en la que sea ilegal que sus ciudadanos pesquen y coman el pescado del mar?

Antes de que Alberto regresara a Cuba mi mamá le pidió que se probara algo de la ropa de mi papá por si había algo que quisiera llevar consigo a Cuba. Todo le quedaba perfectamente, incluidos los zapatos de mi papá que eran pequeños para la talla de un hombre adulto. Así que Alberto voló de regreso a Cuba vestido con las ropas de su padrino, quien siguió cuidando a su ahijado desde el cielo.

Eso es todo lo que en verdad podemos esperar: hacer tanto bien en nuestras vidas que el bien nos sobreviva. Que nuestro legado continúe haciendo el bien después de que nos hayamos ido.

Han pasado años desde entonces, pero todavía siento que mi padre me está cuidando. Aunque ya no esté aquí, el me guía desde lo alto, me ama y me da fuerzas. Todavía me recuerda que, aunque la vida tiene sus días nublados, eventualmente el sol saldrá de entre las densas nubes, y volverá a brillar, y el arco iris saldrá. Su bondad y sabiduría nunca me abandonarán.

A veces, desde que el murió, trato de imaginar quién habría sido mi padre si no se hubiera ido de Cuba en noviembre de 1961. En Estados Unidos mi padre era la persona más positiva que he conocido. Su mantra era: "No vuelvas atrás, ni siquiera para tomar impulso". Este era un dicho cubano que significaba que hay que seguir avanzando y nunca retroceder. Papá siempre siguió este dicho cubano, a pesar de que estaba separado de sus padres y hermanos, y que deseaba poder volver allá para sacarlos a todos de la isla.

En lugar de dejar que el régimen de Castro y todo el dolor y los desafíos que había tenido en su vida lo derrotaran, mi padre siguió manteniendo una personalidad optimista. Siempre fue decidido y resuelto, y transmitió amor y generosidad. Mi padre siempre les decía a sus hijos que Dios les mostraría el camino. Que Dios abre puertas que ni siquiera sabes que existen, y que hace milagros.

Ciertamente nuestros padres, de alguna forma, viven para siempre en nuestros corazones.

Tres lecciones para vivir la vida

La vida no es justa. Todos hemos enfrentado adversidades en la vida, y enfrentaremos aún más antes de que nuestras vidas terminen. Hoy me doy cuenta de que, a lo largo de mi vida, mi mentalidad de exiliada me ha permitido enfrentar situaciones difíciles. He aprendido a levantarme cuando caigo; a dejar que Dios haga el trabajo pesado y a confiar en que vendrán días mejores. Estoy moldeada por la historia de mis padres, de cómo lograron sobrellevar su pérdida y, a pesar del constante dolor emocional, fueron capaces de dar forma de nuevo a la alegría y al amor en su vida cotidiana.

Yo también me he enfrentado a una pérdida indescriptible: la muerte de mi padre en 2012 y, hace seis años, la trágica pérdida de mi amado hijo Danny. La muerte de Danny me hizo caer de rodillas. Luché con la vida cuestionándome cómo Dios había podido permitir que esto sucediera, y también tratando de ver cómo podía comenzar de nuevo. Durante mis días de luchas busqué comprensión y consuelo, y me pregunté si debía terminar este libro. Pero en medio de mi dolor y tristeza confié en Dios, recordándome a mí misma que no tenemos control sobre nuestras vidas. Y la fe que tengo me recordó que Dios hace que todo lo que suceda sea para nuestro bien. Todos los días decidimos cómo vamos a vivir; contamos las bendiciones diarias, estando junto a nuestra familia y amigos, buscando la alegría intencionadamente, y viviendo el presente.

Las pérdidas que he padecido en mi juventud y luego en mi vida adulta, a veces han sido insoportables de llevar. No hubiera sido capaz de cargar con ellas sin el amor y la fe que mis padres sembraron en mi corazón. Cada frase que he escrito aquí, de principio a fin, está impregnada del amor que encontré por primera vez en el hogar de mi infancia.

Quiero compartir con ustedes algunas de las lecciones más importantes que he aprendido en la vida. Estas son las realidades que repaso una y otra vez.

1. Confía en que puedes empezar de nuevo

A veces, nuestras experiencias más dolorosas ofrecen las mejores oportunidades para empezar de nuevo y centrarnos en lo que es importante. En medio del dolor también encontrarás la luz que te guiará, y la esperanza que te impulsará a seguir adelante.

La vida es un ciclo de cambio constante, y fácilmente te puedes desviar del camino. Pero hay lecciones que aprender cada vez que el cambio llama a tu puerta, lo que te obligará a cambiar prioridades y empezar de nuevo. Bien sea que estés buscando un cambio en tu vida, o que el cambio te busque a ti, tu capacidad para aceptar la adversidad es un elemento fundamental para vivir la vida al máximo.

Aquel "Día del Vestido Blanco" me preparó para los desafíos de la vida, y con el apoyo de mi padre pude enfrentarme a ese doloroso día con valentía. En ese momento no lo sabía, pero el valor que aprendí ese día me sirvió mucho más tarde en la vida, y me permitió comenzar de nuevo cuando el dolor se volvió insoportable y solo la oscuridad me rodeaba. Pero fui atravesando las nubes hasta encontrar un arco iris.

También he aprendido muchas lecciones en cada una de mis diferentes carreras profesionales. El camino no ha sido recto, y me he encontrado representando muchos papeles diferentes. Cada uno de los escenarios ha mostrado desafíos y oportunidades distintos en los que he tenido que funcionar con unos talentos nuevos.

Espero que mis experiencias inspiren confianza en tus nuevos comienzos. Algunos de aquellos inicios personales y profesionales no fueron bienvenidos, pero lo inesperado en la vida me ha enseñado que a ese cambio impredecible muchas veces sigue un progreso. Cada experiencia te equipa para hacer el viaje que tienes por delante, ayudándote a navegar entre los giros y las vueltas de la vida con adaptabilidad y determinación.

Un amigo me dijo una vez algo que siempre va conmigo: "Te pasas la vida persiguiendo el éxito, pero luego, una vez que lo consigues, tienes que dejar de perseguir el éxito y empezar a perseguir lo que es importante".

2. Abraza a tu auténtico yo

Una de las lecciones más importantes que he aprendido es: "Sé fiel a ti mismo". Abraza tu ser tomando conciencia de quién eres y conectándote con lo más íntimo de ti mismo. Esto será diferente para cada persona, pero para mí significa ser la persona que Dios quiso que fuera. A veces tenemos que pasar por experiencias difíciles y humillantes para descubrir quiénes realmente somos. Las adversidades de la vida nos ayudan a transformar nuestro carácter y a sacar a relucir nuestro yo auténtico. Esta conexión con tu alma es la única conexión real que necesitas. Tu mente te engañará para que creas que necesitas ser alguien que no eres, y tu entorno te dará una falsa sensación de seguridad. La única manera de vivir una vida auténtica es conectarte con tus necesidades más profundas. Esas necesidades están en tu alma.

Esa "sabor hispano" que puse a un lado y que excluí durante tantos años, es mi herencia. Tuve que encontrarme a mí misma para encontrar mi propósito en la vida. Antes de encontrar mi único amor verdadero, tuve que encontrarme a mí misma. El amor que Dios guardaba para mí para el futuro es mi esposo Jim que es mi roca. Es una bendición que puedas empezar de nuevo y encontrar nuevamente el amor, y yo tengo la bendición de comenzar una nueva vida con él.

No te conformes con nada más que con tu auténtico yo. No descubrirás el propósito de tu vida hasta que no vivas en libertad contigo mismo.

3. Vive tu legado ahora

Las decisiones que tomas a diario se convierten en tu legado que necesita ser vivido en el presente. Tu legado es una manera activa de conectarte con tu pasión y tu propósito mientras lo vives cada día. Tu legado cobra sentido cuando sabes no solo lo estás haciendo, sino también por qué lo estás haciendo. El tiempo es tu bien más preciado. Vive tu legado tomando decisiones sensatas en todos los aspectos de tu vida. Conéctate intensamente con tu propósito. Ahora o nunca.

Mi legado consiste en abrirle las puertas a otros, así como mi padre abrió una puerta para que su familia viviera en libertad. Abrir puertas a otros puede ser tan simple como escuchar la ayuda de alguien. He podido usar mis historias y mis relaciones para ayudar a otros, y confío en que todo esto arroje luz sobre tu camino.

Vivo con la intensa sensación de que cada obstáculo en mi camino fue puesto allí por Dios para que pudiera ser un ejemplo a los demás. Sé que esta es una gran responsabilidad y que debo trabajar mucho sobre mí misma si quiero ser de ayuda para los otros. Busco el significado de los acontecimientos de mi vida y veo a Dios brillando con su luz y su gracia. Mi legado se me revela cada día, y las decisiones que tomo son parte de un propósito mayor en la vida.

Por último, está el legado de mi familia y de nuestra querida Cuba. Es difícil perdonar y olvidar. Incluso hoy en día mi familia sigue hablando de Fidel Castro y sobre lo que le hizo a nuestro país. Frases como "debería haber", "podría haber", y "si tan solo hubiera", conforman el tejido de nuestras vidas.

Crecí luchando con la injusticia del impacto negativo que un hombre había causado en tantas personas. Castro dejó una huella indeleble en mí y hoy, aunque sé que estoy exactamente donde se supone que debo estar, también tengo una responsabilidad con los que en mi familia todavía sufren por vivir en un país comunista.

Las condiciones de vida en Cuba hoy en día son difíciles de creer, y a muchas personas les es imposible entenderlas. Inestabilidad política, divorcios complicados, la trágica pérdida de un hijo. Estas son las cosas que suceden en nuestras vidas y que queremos evitar. La vida a veces puede ser demasiado dolorosa y aterradora incluso para hablar de ella, pero cuando encontramos la valentía de enfrentar nuestras verdades, estas se convierten en parte de nosotros. Estas experiencias básicas nos transforman en las personas que estamos destinados a ser. Cada experiencia dolorosa; cada vez que has tenido que empezar de nuevo, te acercan cada vez más a convertirte en la persona que Dios quiso que fueras.

No hay casualidades. Estás exactamente donde se supone que debes estar. Ninguno de tus dolores carece de significado. Nada de tu pasado está perdido. El viaje siempre está en marcha, y cada dificultad que has enfrentado te hace más fuerte y te acerca un paso más a convertirte en la persona que estás destinado a ser. **Nada se borra; nada se acaba**.

Anímate y ten valor. Nunca tengas miedo de vivir la vida de una manera nueva. Empezar de nuevo puede ser lo mejor y lo más valiente que hayas hecho nunca.

Agradecimientos

Quiero agradecer a mi madre, Antinea Estévez Quintana, cuyo amor, fortaleza y sólida fe en Dios me ha ayudado a lo largo de mi vida. Mi madre ha sido bendecida con una vida llena del amparo divino y de espiritualidad, testimonio de su inquebrantable devoción a su fe católica, con una especial veneración por la Virgen María, la Madre de Dios. Ella es un modelo de amor desinteresado e incondicional hacia mí y hacia nuestra familia. Cuando partimos en el último vuelo comercial de Delta desde Cuba, ella fue mi voz en este libro. Era doloroso para ella recordar todo lo pasado, y yo le estaré siempre agradecida por su amor y su apoyo.

Quiero dar las gracias a mis dos hermanos, Raúl y Juan Carlos. No podría haber escrito este libro sin su apoyo, sus palabras y su amor incondicional. Ellos son mis mayores críticos y mis grandes seguidores. No tengo suficientes palabras para describir sus talentos: Raúl como arquitecto y escritor, y Juan Carlos como artista y consejero. Y es, sobre todo su espiritualidad lo que verdaderamente mantiene en ellos todo lo que hay de bueno, humilde, generoso y amoroso en este mundo.

Quiero agradecer a mi esposo, Jim, que me ha demostrado que el amor nunca falla. Él me ha apoyado, me ha amado incondicionalmente, y me ha ayudado a sanar mi auténtico yo. Nuestra fuerte unión por el valle de la oscuridad me ha ayudado, una vez más, a encontrar los arcoíris. En el he encontrado a aquel a quien mi alma ama.

Quiero agradecer a mis hijos, Katie y Brian, dos jóvenes adultos entrañables y leales, quienes viven sus vidas con valentía. Admiro su fuerza, su fe, perseverancia, integridad y su amor por la familia. Ellos me han inspirado a terminar este libro, y estoy bendecida de tenerlos como hijos.

Hay muchos otros familiares y amigos a los que agradecer, como a mi tío Carlos. Por el conocí el poema de mi abuela, y aquel dolor que ella sentía por la separación de Cuba fue el que me inspiró a escribir este libro. Quiero también agradecer a mis primos Marty y al Obispo Felipe Estévez, quienes me ayudaron a encontrar el valor para regresar a Cuba en una peregrinación religiosa.

También quiero darle las gracias a los muchos amigos que me han apoyado, que me han amado y me han ayudado a completar este libro. Tessie, mi amiga de la infancia que ha estado conmigo en todos los momentos importantes de mi vida. Ella es la definición de una verdadera amiga, una hermana a la que todavía busco cuando necesito apoyo y consuelo. A Sharon y Nan, que son como mis hermanas, siempre dispuestas a animar, apoyar, amar y ser fieles servidoras de Dios. Ellas me han ayudado a levantarme cuando he caído, y me han estimulado continuamente a terminar este libro. También quiero agradecer a Fawn su amistad inquebrantable y su constante aliento en esta labor.

Agradezco a mis hijastros, Alexandra y Diana, y a Sean, esposo de Diana.

A todos mis primos y amigas que son ángeles que me levantan cuando caigo.

Por último, y lo más importante, doy gracias a Dios.

*"Porque yo sé muy bien lo que haré por ustedes; les quiero dar paz
y no desgracia y un porvenir lleno de esperanza -palabra de Yahvé.
Cuando me supliquen, yo los escucharé, y cuando me busquen
me encontrarán, pues me llamarán con todo su corazón".*

~Jeremías 29: 11-14.

Referencias

The Ed Sullivan Show, "Ed Sullivan entrevista a Fidel Castro", video del 11 de julio de 1959, en https://www.youtube.com/watch?v=kjpnfDwWd7Y. Consultado el 7 de marzo de 2023.

Cuba Center, "Examining the Castro Regime's Internal Blockade on Cubans: How the Dictatorship Restricts Fishermen from Fishing," 29 de Julio de 2021, en https://www.cubacenter.org/archives/2021/7/29/cubabrief-examining-the-castro-regimes-internal-blockade-on-cubans-how-the-dictatorship-restricts-fishermen-from-fishing.

*"Espero que vivas una vida de la que estés orgulloso,
y si no lo estás, espero que tengas el coraje para
comenzar de nuevo".*

— *F. Scott Fitzgerald*

Sobre la autora

Marie Quintana es una líder empresarial reconocida a nivel nacional, y una oradora que inspira y alienta. Tiene una distinguida carrera de 30 años en el mundo corporativo de los Estados Unidos. Ha ocupado puestos de liderazgo ejecutivo junto a líderes de industrias y empresas y de las compañías Fortune 500, incluyendo Tenet Healthcare, PepsiCo, Perot Systems y IBM.

Las notables contribuciones de Marie le han valido numerosos y prestigiosos reconocimientos. Fue reconocida como una de las 50 mujeres hispanas más destacadas en el mundo de los negocios por la revista *Hispanic Business* y como una de las 50 mujeres más influyentes en la industria de comestibles por *Progressive Grocer*. Ha sido honrada como una de las 5 principales ejecutivas latinas por la revista *Latina Style* y en 2022 recibió el distinguido premio *Latino Leaders Maestro Award* por Logros Profesionales.

La señora Quintana está dedicada a fomentar la formación de la próxima generación de mujeres líderes y, a lo largo de su carrera ha sido una activa mentora de numerosas dirigentes. Fue miembro fundador de la junta directiva de la Network of

Executive Women, y una de las líderes que cofundó la Women for Color Alliance de PepsiCo.

Marie Quintana formó parte de la Junta Directiva de Fetch, una pionera y relevante aplicación para compradores, y de la Junta Directiva de Catholic Charities de Dallas.

Marie reside en Dallas donde disfruta de la compañía de su familia, un amplio círculo de amigos, y de sus queridos perros.

Impreso en los Estados Unidos de América
Columbia, SC
19 de febrero, 2024